JN113971

丹田とツボで創る

竹井式
陳式
太極拳の
学び方

竹井正己

日貿出版社

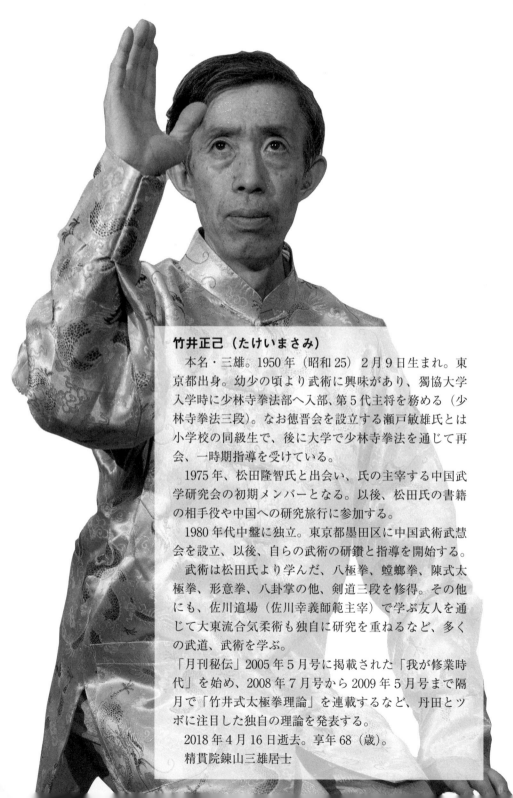

竹井正己（たけいまさみ）

　本名・三雄。1950 年（昭和 25）2 月 9 日生まれ。東京都出身。幼少の頃より武術に興味があり、獨協大学入学時に少林寺拳法部へ入部、第 5 代主将を務める（少林寺拳法三段）。なお徳晋会を設立する瀬戸敏雄氏とは小学校の同級生で、後に大学で少林寺拳法を通じて再会、一時期指導を受けている。

　1975 年、松田隆智氏と出会い、氏の主宰する中国武学研究会の初期メンバーとなる。以後、松田氏の書籍の相手役や中国への研究旅行に参加する。

　1980 年代中盤に独立。東京都墨田区に中国武術武慧会を設立、以後、自らの武術の研鑽と指導を開始する。

　武術は松田氏より学んだ、八極拳、螳螂拳、陳式太極拳、形意拳、八卦掌の他、剣道三段を修得。その他にも、佐川道場（佐川幸義師範主宰）で学ぶ友人を通じて大東流合気柔術も独自に研究を重ねるなど、多くの武道、武術を学ぶ。

「月刊秘伝」2005 年 5 月号に掲載された「我が修業時代」を始め、2008 年 7 月号から 2009 年 5 月号まで隔月で「竹井式太極拳理論」を連載するなど、丹田とツボに注目した独自の理論を発表する。

　2018 年 4 月 16 日逝去。享年 68（歳）。

精貫院錬山三雄居士

本書について

　本書は著者・竹井正己氏（1950年2月9日〜2018年4月16日）が遺された原稿と、多くのメモなどの資料を元に書籍化したものです。編集作業にあたっては、できる限りオリジナルの文意を生かすように心がけましたが、一部においては著者の意向と異なる部分もあるかと思います。そのことをご了解の上、お読みいただければと思います。

　また、改めまして著者・竹井正己先生のご冥福をお祈りいたします。

はじめに

　本書は武術の専門誌「月刊秘伝」（ＢＡＢジャパン出版局刊）に2008年7月号より、隔月で6回にわたり連載させていただいた「竹井式太極理論」を発展させ、新たに書き下ろし一冊の本にまとめたものです。

　原則的に私が松田隆智先生より学んだ陳式太極拳をベースにしていますが、簡化二十四式、楊式など他の門派の太極拳練習者にもそのまま参考になる理論を抽出しています。

　私自身、二十代で太極拳の稽古を開始し、現在は指導も行っています。その経験のなかで気がつくのは、多くの人が套路（型）の習得と美しさに熱心な一方で、太極拳で練られる体の内側の力（内勁）については、意外なほど無頓着だということです。
　そのため確かに見た目は大変美しいのですが、手足の動きほどに体のなかは動いておらず、お話を聞くとヒザや腰を痛めている方も少なくないようです。また武術本来の太極拳として見ても、体の内側から発する勁力が稽古の年数に比して乏しく、この力不足を太極拳の特色のひとつである化勁（力をいなす技術）であるように言う人も居るようですが、この化勁にこそ強大な勁力が必要であり、内勁の充実は絶対に必要な要素です。

　どうしてこうした稽古の年数と内勁のアンバランスが起こるのでしょうか？

　その理由は先にも述べたように多くの人が套路の表層をなぞり、体のなかを動かすことが置き去りにされているからです。では"如何にして体の内側を動かし力とするのか？"この疑問に対する答えが本書の鍵である"丹田"と"ツボ"にあるのです。
　通常我々は腕を動かそうと意識すると、無意識のうちに腕の外側（アウターマッスル）の筋肉を主体に使ってしまい、これが腕や足を、丹田のある体と

分断して別々に使ってしまう原因となっています。こうした動きは、日常生活においてはごく普通ですが、太極拳をはじめとする武術の動きはこの普通の動きとは全く違う経路で動かすことが重要となります。これこそが武術の熟達者特有の"不思議な動き"の基と言えるでしょう。

　この別経路で体を使うことを習得するのに最適なのが丹田とツボなのです。ご存知の方も多いと思いますが、丹田もツボも解剖学的には存在しません。この"ない"ものを意識することが、意識してもなかなか動かすことができない体の内側にある筋肉（最近注目されているインナーマッスル＝深層筋）などを動かし、無駄な力を抜き、さらに体のなかが連動した大きな力を出す目印となるのです。

　本書ではこの丹田を意識し養成する方法を始め、体の各部にあるツボを意識して太極拳の套路を行う方法を、できるだけわかりやすくご紹介しています。

　実際に試していただければ初心者の方はもちろんですが、既に稽古をされている方にもヒントになると思います。

　太極拳は優れた武術であると同時に優れた健康法でもあります。

　本書が門派を越えて皆さんの太極拳修行の一助となればこれに勝る喜びはありません。

2012年　竹井正己

目次

はじめに   4

第1章　　　竹井式の基本　丹田とツボを知る　13

私の修業時代とツボへの気づき   14
恩師・松田隆智先生との出会いと教え   16
「丹田とツボ」   18
　「丹田」のこと   18
　「ツボ」を意識する   20
中心線と丹田線 ― 「立身中正」   23
　基準の「正中心線」   23
　「自然体」＝「中心線立ち」   24   姿勢と勁の立身中正   25
丹田線について   26
丹田線のつくり方   27
丹田の動かし方   28
太極軸について   28
　ツボを感じる呼吸法 1   30   ツボを感じる呼吸法 2   31
　丹田を感じる準備運動 1   32   丹田を感じる準備運動 2   33
　丹田を感じる準備運動 3   34   丹田を感じる準備運動 4   35
　丹田を感じる準備運動 5   36   丹田を感じる準備運動 6   37
　丹田線を養う歩法   38
「基本姿勢」について   40
　○馬歩（まほ）   40
馬歩における丹田線の働き方   42
　血海から前に出る力を出す   42
　気の流れを意識する   44
　○弓箭式（きゅうせんしき）   46
　○四六歩（しろくほ）   47
　○虚式（きょしき）（1）（2）   48
　○金鶏独立（きんけいどくりつ）50

○朴腿式（ぼくたいしき）（1）（2）　　52

姿勢における注意点と要項　　54

○二目平視（にもくへいし）　　54

○涵胸抜背（かんきょうばっぱい）　　56

○虚領頂勁（きょれいちょうけい）　　57

○沈肩墜肘（ちんけんついちゅう）　　58

○気沈丹田（きちんたんでん）　　59

○円當（えんとう）　　60

○三尖相照（さんせんそうしょう）　　62

○上下相随（じょうげそうずい）　　63

○虚実分明（きょじつぶんめい）　　64

第2章　陳式太極拳套路　丹田とツボを感じて動く　　65

「予備式」＜無極＞　　66

1「起勢」＜太極＞　　67

2「金剛搗碓」　　70

3「懶紮衣」　　74

4「抱虎帰山」　　76

5「単鞭」　　78

6「金剛搗碓」　　80

7「白鶴亮翅」　　82

8「右攬膝拗歩」　　84

9「左攬膝拗歩」　　86

10「斜行単鞭」　　88

11「如封似閉」　　91

12「掩手捶」　　92

13「金剛搗碓」　　93

14「七寸靠」　　96

15「撇身捶」　　100

16「背折靠」　　101

7

17「青竜出水」　102
せいりゅうしゅっすい

18「肘底捶」　103
ちゅうていすい

19「倒捲肱」（右）　105
とうけんこう

20「倒捲肱」（左）　106
とうけんこう

21「倒捲肱」（右）　107
とうけんこう

22「白鶴亮翅」　108
はっかくりょうし

23「斜行単鞭」　109
しゃこうたんべん

24「閃通背」　111
せんつうぱい

25「掩手捶」　113
えんしゅすい

26「抱虎帰山」　114
ほうこきざん

27「単鞭」　115
たんべん

28「雲手」　116
うんしゅ

29「高探馬」　118
こうたんま

30「右分脚」　119
みぎぶんきゃく

31「左分脚」　121
ひだりぶんきゃく

32「双風貫耳」　122
そうふうかんじ

33「左蹬一跟」　123
ひだりとういっこん

34「撃地捶」　124
げきちすい

35「翻身二起脚」　126
ほんしんにききゃく

36「懐中抱月」　128
かいちゅうほうげつ

37「左分脚」　128
ひだりぶんきゃく

38「双風貫耳」　129
そうふうかんじ

39「右蹬一跟」　129
みぎとういっこん

40「千斤墜地」　130
せんきんついち

41「掩手捶」　130
えんしゅすい

42「小擒打」　131
しょうきんだ

43「抱頭推山」　133
ほうとうすいざん

44「抱虎帰山」　134
ほうこきざん

45「単鞭」　135
たんべん

46「前招」　136
ぜんしょう

47「後招」　137
こうしょう

48「野馬分鬃」（右）　138
やばぶんそう

8

49「野馬分鬃」（左）　　141
50「野馬分鬃」（右）　　142
51「玉女穿梭」　　144
52「懶紮衣」　　148
53「抱虎帰山」　　150
54「単鞭」　　152
55「雲手」　　154
56「双擺脚」　　156
57「扇通背」　　157
58「朝天蹬」　　158
59「金鶏独立」　　159
60「倒捲肱」　　160
61「白鶴亮翅」　　163
62「斜行単鞭」　　164
63「閃通背」　　166
64「掩手捶」　　167
65「抱虎帰山」　　168
66「単鞭」　　170
67「雲手」　　172
68「高探馬」　　173
69「十字擺脚」　　174
70「指当捶」　　175
71「抱虎帰山」　　176
72「単鞭」　　178
73「揪地竜」　　179
74「上歩七星」　　181
75「下歩跨虎」　　182
76「閃通背」　　183
77「転身双擺脚」　　184
78「当頭砲」　　186
79「金剛搗碓」　　187
80「収式」　　188

「単鞭」の用法例　　　190

「如封似閉」の用法例　　191

「斜行単鞭」の用法例　　192

「閃通背」の用法例　　　193

ツボを合わせようと無理をしない　194

第3章　竹井式太極拳理論　編者による補記　　195

本稿について　　196

力の源泉・丹田　　196

馬歩で丹田を養う　　197

丹田線と血海　　199

馬歩が作る三角形　　200

ツボについて　　200

ツボの陰陽　　201

ツボの陰陽を意識した推手　　204　　胸のツボを意識した動き　205

短棒を使った推手1　　206　　短棒を使った推手2　　207

短棒を使った推手3　　208　　棒の構え方　　209

一人で行う棒型　210　　二人で行う棒推手　　211

脱力を解く鍵・ツボ　214

古参弟子に訊く、竹井氏の太極拳と武術観　　215

最後に　　216

第4章　資料編　コラム・メモ・写真　　217

竹井正己コラム　　218

日中武道家の体型が違う？　218　　日本人には丹田が不可欠？　219

松田先生のこと　　221　　O氏との出会い　　223

夢のある現実を　　225　　太極拳の基本原則で　　227

套路・型について 229
　型の学び方 230
丹田について 230
　丹田と馬歩 232　　　実戦時の丹田 232
　丹田意識 232　　　丹田と力 233
　「丹田線」中心理論 233　　　意守（武と美人と） 233
ツボについて 234
太極拳について 235
　「太極拳の戦いのイメージ」とは？ 236
　太極拳の戦い方は素人的？ 236
　太極拳で戦う？ 238　　　実用の太極拳 238
　極意と真理 239
武術の学びについて 239
稽古について 240
　推手的方法の生かし方 240　　　練習法の変化 241
　大事なことです 241　　　形に拘らない。本音が大事 242
　夢の実現可能な厳しさと、現実的でない厳しさの違い 243
　察知感覚養成法 244　　　精神力 244
実戦について 244
　上田先輩のこと 244　　　実戦について「狂気の相手への対応」245
　相打ち、刺し違えの気持ち 246
　自分の意図を無にする 247　　　柳生流「合撃」から 248
　稽古日誌① 248　　　松田先生 250
　突きについて 250　　　稽古日誌② 251
　蹴りについて 251　　　日常と狂気 252
　心気体の一致 252　　　形意拳の用法における実戦性 253
　形意拳の跟歩考① 253　　　構えについて 254
　形意拳の跟歩考② 255　　　手と体の関係 255
　八卦掌の練習法 256　　　手の使い方 256
　一人か複数か 257　　　相手に溶け込むということ 258
　眼体一致 258

言葉について 259

王培生先生の言葉　259　　　　呉式について　　　　　　260

気・気功について 261

武道の瞑想法（潜在意識の活用の仕方）　261

気の事　　　　　262　　　気の区別　　　　　　263

気功について　　264　　　呼吸について　　　　264

小周天・大周天　265　　　武道の呼吸法　　　　266

極意について 268

極意の行き着くところ　269

極意の入り口に向かって立つ　269

メモと写真 270

第1章
竹井式の基本
丹田とツボを知る

私の修業時代とツボへの気づき

　本書の説明をする前に、簡単に私自身の紹介と、本書の核である丹田・ツボと太極拳の套路の関係に気がついた経緯を書いておきましょう。

　私は1950年に東京の下町に生まれました。小さい頃から体が丈夫でなく、自分なりに“健康になり、強くなりたい”というあこがれを持っていました。中学に入る頃から何か武道を始めたいと思い、1年浪人して何とか獨協大学に入り、ようやくその夢を実現することができました。

　当時の大学武道部はどこも活気があり稽古も大変厳しい時代でしたが、“どうせ入るなら一番勢いがあり、人数の多い部にしよう”と思い、少林寺拳法部に入部したのが私の武道歴の始まりです。

　宗道臣開祖によって始められた少林寺拳法（日本伝少林寺拳法）は、突き、蹴り、受けなどの剛法と、手捕り、腕捕りの関節技などの柔法と呼ばれる技法で構成されており、「組んでよし、離れて打ち合ってよし」という、私自身が習いたいと思っていた武術の要素を網羅した理想的なものでした。

　また少林寺拳法には剛法、柔法といった戦い方の他に、整体法（整法）と呼ばれるツボ押しを利用した按摩、マッサージで人体を活性化する方法があり、これが私のツボに対する認識の始まりでした。

　当時、大学は創立5年目と若く、同様に少林寺拳法部も部活開始より5年とできたばかりの部でしたが、すでに関東学生大会などで上位の成績を収めるなど、活気にあふれていました。いわゆる“しごき”こそ無いものの、武道部特有の上下関係は大変厳しく、練習もきついものでしたが、先輩方は技法に関しても研究熱心で、よく指導していただき、おかげで私も徐々に技量に自信を持てるようになりました。

　またこの頃は、春休みや夏休みの合宿などの時、昼間はずっと稽古し、夜も昇級試験の準備などを行っていたのですが、そんな時に、私はよく先輩に呼ばれ整法の按摩マッサージをやらされたりしました。こちらはまだ素人で

したが、先輩にやり方を教わりながらやっているうちに、ツボの位置や押し方など経験も積むことができました。時には気持ちが良いのか、私がツボを押しているうちにそのまま寝てしまう先輩もいて、どこで終わりにして良いのか困ることもあった程です。

　今から見ると、封建的ではありましたが、この少林寺拳法部での経験で得たことは大変大きく、その後の自分の人生にも大きく影響しています。

少林寺拳法時代。演武大会にて。

恩師・松田隆智先生との出会いと教え

　大学卒業後も武術に対する想いは強く、独自に色々な勉強をするなかで、ひょんなことから松田先生（松田隆智老師）にご指導いただける機会を得て、本格的に中国武術を学ぶことになりました。ご存知の方も多いかと思いますが、松田先生は当時はまだ日本ではそれほど知られていなかった中国拳法を本格的に伝えた方で、松田先生の教えを受けられたことは少林寺拳法に続き、私の人生における武術のあり方に決定的なことでした。

　本書にまとめた丹田とツボを太極拳の套路（型）に意識したのも、その出発点は松田先生にツボについてのお話をしていただいてからです。

　当時も（恐らくその後も）松田先生の教えは、大変厳しく、徹底的に基礎を学ぶことが重要視されており、定歩（足を止めた状態）で丹田を感じ取ることから始められました。私は身が軽く、自分で言うのも何ですが、バネがあるタイプで、少林寺拳法では跳び蹴りなどが得意でしたので、慣れるまでは足を止めてジッとする稽古は苦手で、「丹田を実感する」と教えられても、正直なかなかわかりませんでした。それでも上達したい一心で、松田先生の言葉を信じて、続けるうちに微かにではあったのですが、次第に所謂 “臍下丹田”（おへその下）の感覚がでてきました。この感覚を言葉にするのは難しいのですが、なにかムズムズする感じと、定まった感じが渾然一体となったようなもので、恐らく人により感じ方は違うでしょう。

　この丹田を感じ取れるようになったある時、馬歩（足を大きく開いた馬に乗るような立ち方）の姿勢での鍛錬を続けていると、ひざ上内側の血海のツボが熱くなるような感じを覚え、その時からツボというものを特に意識するようになりました。またこの血海のツボの感覚を得た頃に、小周天（丹田の気を、意識を使い上体のツボを通して体内にめぐらす方法）と、大周天（手足を含め、体内全体に丹田の気をめぐらす方法）のお話を松田先生に伺い、丹田の気を体内にめぐらす方法を教えていただきました。まだ若かった当時は、早く激しく動く武術らしい動きをしたかったので辛かったのですが、武

術にとって核となる部分を実に丁寧に教えていただいたことに改めて気づき、感謝の念で一杯です。

　それにしても、松田先生は今も昔も実行の人です。生涯1千万回の突きを目指して今も鍛錬を積んでおられますが、私も習い始めた頃、毎日千本は突きを行うように言われていました。

　1日千本というと凄く数が多く時間もかかりそうに思いますが、方法にもよりますが、実行してみると意外と時間をかけずに行うことができるものです。ただ毎日継続して実行するとなると、かなり大変なことで、そうした稽古のなかで"継続は力"という言葉を実感しました。

　またある時、松田先生とのお話で、大東流合気柔術の達人・佐川幸義先生の話題になり、「佐川先生は毎日、素振りや四股踏みなど合わせて1万回以上をやっていた」と聞かされ、私が思わず「それだけやっていれば、当然強くなりますね」と言った時に、先生が「そうだよ。だからそうすればいいんだよ」と言われたのはいまでもよく覚えています。

　"百の理屈よりも一回の実行、それが百回、千回、万回と継続して数をこなすことが、武術の修行の根本にある。"その大切さを自覚した瞬間でした。

恩師・松田隆智先生と。

※松田隆智氏は2013年7月24日(享年75(歳))に永眠されています。

「丹田とツボ」

　武道おいて丹田は当然、昔から重視されてきました。また、ツボの方は鍼灸、按摩など医療的な面で利用されているのはご存知の通りです。ただ丹田、ツボは両方とも目に見えるような存在ではない為、それを感じとろうとする意識が必要となります。

　ツボ、いわゆる経絡、経穴は鍼灸、按摩における基本事項です。他にも養生法、導引法などにおける中医学（中国医学）の大切な要素であり、根幹を成すものです。現に中国の医療現場においては、西洋的手術の際にも、鍼を併用し効果を上げていると言われています。

「丹田」のこと

　丹田は心臓、肝臓、胃などの具体的な臓器ではなく、へそ下三寸、少し奥に入ったあたりの場所を言います。初めはなかなか実感できませんが、場所を継続して意識することで、次第に丹田を実感できるようになり、気のエネルギー源とすることができるようになります。最初はなかなか感じにくいものですので、重心と関連付けで行うのが良いでしょう。

　丹田エネルギーの有効な使い方はいろいろありますが、その一つにツボと関係させて使うことがあります。

　ツボは外からの刺激（鍼灸・按摩など）には、有効に働き易いものですが、ツボ自体を意識するだけでは作用が起こしにくいものです。そこで丹田とツボを繋げて意識することにより、ツボに気血が集まるようになり、その反応で活動エネルギーが起こしやすくなってきます。丹田とツボとの相互効果により、丹田の力をツボを使って全身に行き渡らせると言えるでしょう。

　また丹田をより明確に感じるためにも、ツボを意識することが必要ですので、この二つを関連づけて行うことで相乗効果があると言えます。

丹田の位置を
示す著者

「ツボ」を意識する

　ツボいわゆる経絡、経穴は目に見えるものではない為、まずは知識と感覚によって「感じ取る」しかありません。ハリや按摩などがツボを利用する代表的なものですが、これと同様に、目には見えなくとも次第に経験によって、正確な位置、効果が判ってきます。最初のうちは難しいでしょうが、ツボを意識するうちに微細な変化を感じたら、それを手がかりに少しずつ薄皮を重ねるように積み重ねると良いでしょう。大事なことは勘違いのような手がかりを大事にして続けることです。太極拳に限らず武術の感覚は大変微細なものです。自分の体のなかを、耳を澄ますように感じることが大事になります。

　意識によるツボ利用の利点は、ツボを意識することで基準となる点がはっきりして、それに従い動くことにより、動作を明確にできるようになることです。また、ツボを意識することで、筋肉、骨格に負担を掛けず、力みが減少できることも大きなポイントです。太極拳では放鬆と呼ばれる脱力が大事ですが、この加減が大変難しく、力を籠めるのも良くありませんが、あまりに力を抜きすぎてしまうのも駄目です。理想的には気血が通り、いつでも巨大な力を発生させることができる状態なのですが、日頃筋肉で動いていることに慣れている我々にとって、これは大変難しいことです。本書のポイントであるツボを意識することは、どうしても筋肉に向かってしまう意識をツボに向けることで余分な力を抜き、理想的な放鬆・脱力を身につけるのに有効な方法です。太極拳に限らず、日常生活にも疲れない効率の良い体の使い方を自然に身につけることができるようになります。

　また体の各部位のツボを意識することで、体の内部の繋がり（勁道）を開き、動きに集中力が増します。套路におけるツボの繋がりは、その動き・技に必要な勁道を開くためのものです。また重心移動もツボを利用して行うと、姿勢などの注意点が正しく認識できるため、動作時の誤りも自然と正されるようになります。

　しかし、先程の丹田の項で書いたように、ツボだけを意識するのでは大きな力を出すにはエネルギーが希薄なため、やはり丹田の要素が必要になります。言い換えれば、丹田はエンジンであり、ツボは丹田を中心に動くための指標と言えるでしょう。

本書で使用する主なツボ図（正面）

ツボは基本的に中指で押して、圧迫感が感じられるところを
探すと良い。特に本書で重要なものは二重丸で示している。

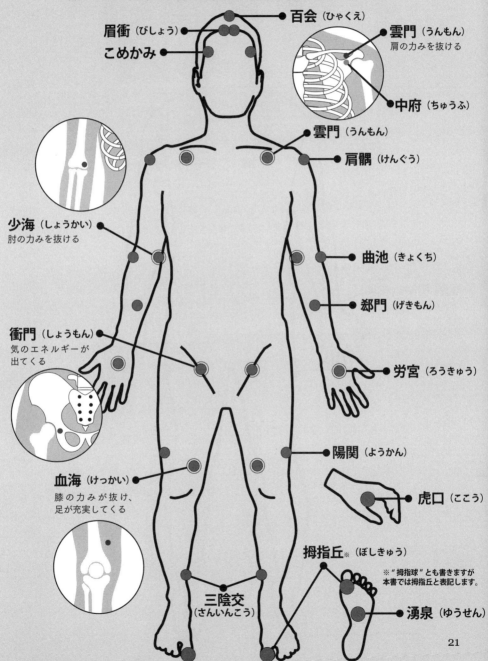

眉衝 （びしょう）

こめかみ

百会 （ひゃくえ）

雲門 （うんもん）
肩の力みを抜ける

中府 （ちゅうふ）

雲門 （うんもん）

肩髃 （けんぐう）

少海 （しょうかい）
肘の力みを抜ける

曲池 （きょくち）

郄門 （げきもん）

衝門 （しょうもん）
気のエネルギーが
出てくる

労宮 （ろうきゅう）

陽関 （ようかん）

血海 （けっかい）
膝の力みが抜け、
足が充実してくる

虎口 （ここう）

拇指丘※ （ぼしきゅう）

※ "拇指球" とも書きますが
本書では拇指丘と表記します。

三陰交
（さんいんこう）

湧泉 （ゆうせん）

21

本書で使用する主なツボ図（背面）

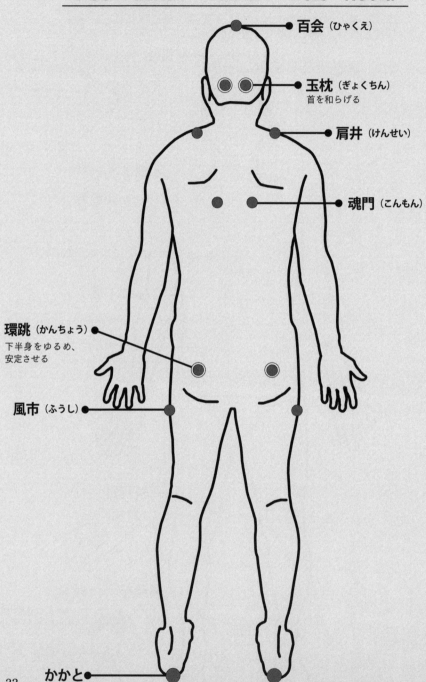

- 百会（ひゃくえ）
- 玉枕（ぎょくちん）
  首を和らげる
- 肩井（けんせい）
- 魂門（こんもん）
- 環跳（かんちょう）
  下半身をゆるめ、
  安定させる
- 風市（ふうし）
- かかと

中心線と丹田線 ── 「立身中正」

基準の「正中心線」

　丹田線の説明に入る前に、その前提に必要な"中心線"や"自然体"について説明していきましょう。

　一般に、武術などで言われる"正中線""正中心"は、体を正面から見た時に、頭頂の百会から足裏の湧泉までを貫く線のことを言います。正面の場合はツボ以外にも目や鼻、口、喉、水月、会陰などの基準になる急所が並んでいて、わかりやすいですね。

　その一方、体の横から見た時、どこに軸があるのか曖昧になることが多いようです。これは、頭の位置を含めて、人の重心が体の前方にあるのか、後ろにあるのか、時と場合によって異なることが一因でしょう。そのなかでも一般的に横から見た"中心線"を言う時は、頭頂から足の真中にあるツボ・湧泉とすることが多いようです。

　本書ではこれを正中心線とします。

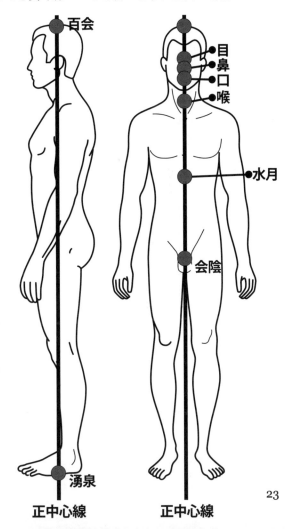

正中心線を横からみた図。頭頂のツボ「百会」から足裏のツボ「湧泉」までを貫いている。

百会
目
鼻
口
喉
水月
会陰
湧泉
正中心線　　　正中心線

23

「自然体」＝「中心線立ち」

　自然体についても、各種の武道において、さまざまな立ち方があります。

　本書で私の言う自然体は、正面から見た場合、先ほど登場した、正中心線と平行に、左右に２本貫く線（右中心線・左中心線）を基準にした立ち方を指します。これを私は「中心線立ち」と呼んでいます。

　左右の線は、肩のツボ・肩井と、足裏のツボ・湧泉を真っ直ぐ繋げた線となります。

正中心線

百会

湧泉

横から見た場合

正中心線

右中心線　左中心線

肩井

丹田

湧泉

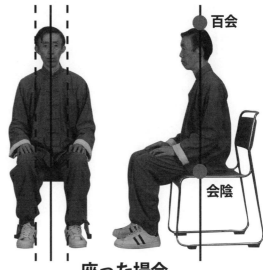

注意してほしいのは横から見た場合です。左右の2本の線が重なり、1本の線となり、頭頂ツボ・百会から湧泉へと繋がる「正中心線」と重なります。

中心線立ちは、足先を前方に向け、両足は自然に開きます。

座った場合は、頭頂の百会のツボと会陰を真っ直ぐに合わせます。太ももは床に平行に、膝から下は床に対して垂直に、足先は前方を向けます。

座った場合

姿勢と勁の立身中正

　一般に立身中正と言う時は、左右に傾きがなく、背筋が伸び頭頂から足裏までが真っ直ぐスッと伸びた状態を指し、王宗岳の『太極拳論』にも、「偏せず、偏らず」とあります。それはその通りで、自然体で立った時には、正中心線と重なるのですが、もう一つ、立身中正には勁（力）が上から下へしっかり通っているという意味があります。

　この場合の立身中正は、姿勢によっては見た目上は頭の位置と足の位置が垂直線上はありませんが、しっかり勁が通った力強い状態です。そして体のなかにこの勁を通す為に、ツボへの意識と次に登場する丹田や丹田線が必要になるわけです。一旦それができてしまえば見た目に関係なく、いつでも立身中正がある体になるのです。

撃地捶の際の立身中正。

25

丹田線について

　さていよいよ本書のポイントの一つ、丹田線についてです。

　横から見た場合の丹田線は、丹田を垂直に貫く線で、中心線より前側を通ります。ツボとしては頭頂の百会の少し前のツボ・前頂穴と、へそ下三寸の丹田、その脇のツボ・衝門と、足裏の拇指丘の三点を真っ直ぐに通る線となります。

　中心線よりやや前方にあるのは、丹田の位置が体の前側にあるためです。

　初めのうちは「お腹の重心＝丹田」として行い、横からのイメージで、丹田を膝の血海を経由して足裏・拇指丘の上に乗せ、それを垂直で結ぶ「丹田線」があるイメージで行うといいでしょう。

　横からのイメージができてきたら、今度は正面をイメージします。まずは下体から、左右の衝門から血海、拇指丘に繋がる２本の線をイメージします。繋がりが意識できたら、今度は上体へ、衝門から雲門を経てそのまま天に繋がるイメージです。

　その状態で、足を動かさずに体重の移動で丹田を動かし、丹田を丹田線に重ねます（32頁「丹田を感じる準備運動」を参照）。最初から大きく動かさず、ゆっくり左右に小さく動かします。丹田線を立てたまま丹田を動かせる感覚が出てきたら、それを大事にしてください。

　丹田線が左右に２本あるので混乱するかもしれませんね。しかし、そもそも存在しない丹田を感じて養う為には、まずツボを基準にした、この二つの線を感じることから生まれると考えています。言い換えれば、左右２本の丹田線の間に、丹田を感じて育むイメージです。ですから線も正面から見ると左右に２本、横から見ると重なった１本の線になるわけです。

　便宜上本書では必要に応じて、正面から見た場合の丹田線については、それぞれ「左丹田線」「右丹田線」と呼ぶことにします。

　また第２章の套路の解説では、煩雑になりますので軸足にある強い左右どちらかの実の丹田線だけ紹介しています。ただ反対側にも、常に虚の丹田線があることは忘れないでください。

「丹田線」のつくり方

1. 下への丹田線を作る。丹田を膝のツボ・血海を意識し、足裏の拇指丘に乗るようにする。
2. 丹田から下へ延ばした線を、今度は胸の雲門に繋げる。
3. 足裏の拇指丘から血海、衝門、雲門へ繋がった丹田線を、垂直に立て天上へ向ける。

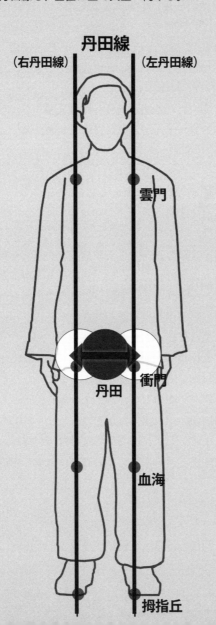

丹田線

（右丹田線）　（左丹田線）

雲門

丹田　衝門

血海

拇指丘

丹田線　中心線

前頂穴　百会

肩井

雲門

丹田

衝門

血海

拇指丘　湧泉

丹田の動かし方

　原則的に動きは、丹田が左右どちらかの足に乗ることによって生まれます。ただ、丹田が乗っている反対側の足にも意識を残しておくことが重要です。虚実の虚は、何もない空っぽの状態ではなく、虚という状態が有るのです。

　丹田は前後左右に動きますが、後ろの下限は、かかと線、前の上限は丹田線が基本となります。左右は鼠蹊部にあるツボ・衝門と、お尻にあるツボ・環跳が目安となります。

　丹田は中心線を中心に、膨らんだり縮んだりしながら回りながら移動するイメージです。この丹田の位置エネルギーを、血海と足裏に流すことで動きます。

太極軸について

　私の太極拳理論は、丹田を意識し動かすことが基本ですが、もう一つ大事なものがあります。それが「太極軸」です。横から見ると、かかと線と中心線の間にあるもので、左右の足の間に、弓を引いたようなイメージで存在する軸です。実感としてはほとんど中心線と重なります。

　軸と言っても背中側から見ると幅があり、膜に近いものです。この軸（膜）を体のなかに持つことで、太極拳の要訣の一つ「円當」（60 頁参照）が生まれ、ある種のテンション、太極拳的な膨張感が生まれます。ただこの軸を実感するには、ある程度の時間が必要でしょう。まずは重心感覚から始め、丹田への意識を充実させ、丹田線、中心線、かかと線を感じ、丹田と血海、足裏への繋がりを作っていきましょう。そのなかで気が付いた時に、太極軸が感じられているというのが理想と言えます。その為には馬歩と套路を丁寧に繰り返す必要があるのです。

　次にツボと丹田、丹田線を養う為の準備体操を紹介します。どちらもゆっくり、頭の位置に注意して、自分の重さを感じて行ってください。

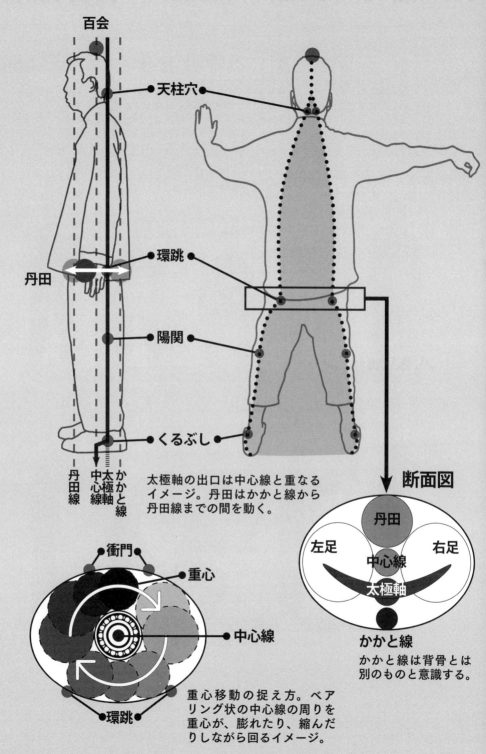

百会

天柱穴

丹田

環跳

陽関

くるぶし

丹田線　中心線　太極軸　かかと線

太極軸の出口は中心線と重なるイメージ。丹田はかかと線から丹田線までの間を動く。

衝門

重心

中心線

環跳

重心移動の捉え方。ベアリング状の中心線の周りを重心が、膨れたり、縮んだりしながら回るイメージ。

断面図

丹田

左足　右足

中心線

太極軸

かかと線

かかと線は背骨とは別のものと意識する。

ツボを感じる呼吸法 1

自然体立ち。手のツボ・労宮を上向きにして上げる時に息を吸い、下げる時は、労宮を下向きにして息を吐く。二拍子で呼吸と連動して動く。気のボールをイメージして行う。呼吸は意識的に行うのではなく、手の動きがふいごのように働き、自然に出入りするのを感じるのが理想。

吸う　　吐く　　手の平を返して、　　吸う

1　　2　　3　　4　　5

1'　　2'　　3'　　4'　　5'

ツボを感じる呼吸法 2

四拍子の呼吸法。
1〜2　手の平を上に向け、湧泉から両膝の血海、鼠蹊部の衝門、胸の雲門
を通すイメージで息を吸い、
3　手の平を下に向け、息を吐きながら衝門の高さまで下ろす。
4　衝門の高さで息を吸い、
5　膝を緩め、手の平を血海の高さまで下ろしながら吐く。その後は息を吸
いつつ戻る（2）へ。
6〜9　終式。両手を雲門に引き寄せてから丹田へ収める。

吸う　　吐く　　吸う　　吐く

1　　2　　3　　4　　5　　5'

9　　8　　7　　6

丹田を感じる準備運動 1

1 中心線立ちより少し歩幅を広げて立つ。

2 足の位置は動かさず、ゆっくり丹田（重心）を左丹田線に移動する。

3 右へ移動。同じように丹田を右丹田線に重ねる。丹田の移動を感じ、丹田線を真っ直ぐ立てたまま行う。また、丹田線がない足にも意識を残しておくことが大事。

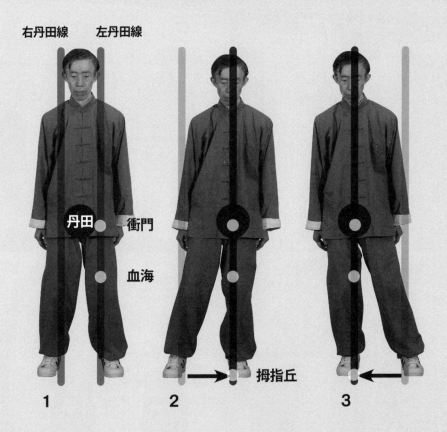

右丹田線　　左丹田線

丹田　　衝門

血海

拇指丘

1　　　　2　　　　3

※左右丹田線の濃淡は重心意識のイメージです。

丹田を感じる準備運動 2

1 準備運動1に慣れてきたら、円を描くように丹田を動かす。
2 丹田を少しせり出すように動かし、親指の先から拇指丘に移動する。
3 そのまま左足のかかとから会陰を経由し、右足のかかとから拇指丘へ回す。最初は小さく行い、慣れるに従って円を大きくする。逆回しも行う。

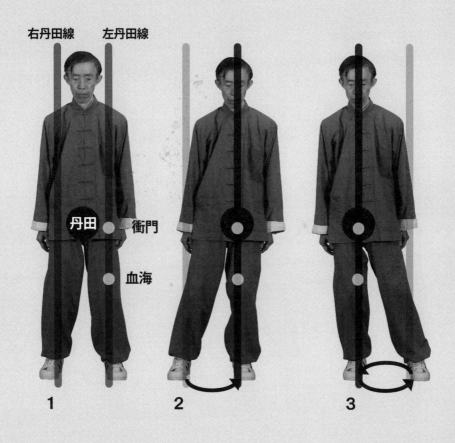

右丹田線　左丹田線

丹田　衝門

血海

1　　　2　　　3

※左右丹田線の濃淡は重心意識のイメージです。

丹田を感じる準備運動 3

1　準備運動2に慣れたら円をメビウス状にして行う。
2　左足へ小さく円を描いて移動。
3　左足のかかとから、足の真ん中を経由して右足へ。ゆっくり丁寧に丹田と丹田線を意識して行う。慣れてきたら逆回転や切り返しても良い。

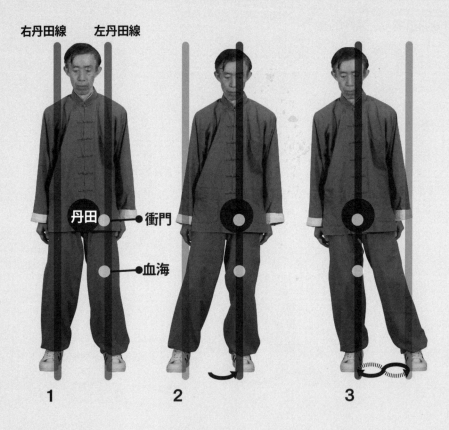

右丹田線　　左丹田線

丹田　　　●衝門

●血海

1　　　　　2　　　　　3

※左右丹田線の濃淡は重心意識のイメージです。

丹田を感じる準備運動 4

準備運動3に慣れたら、八の字をより大きくして行う。丹田線のある足裏を
全て使い切るイメージで、自然に手が誘導する感じが出ると良い。
逆に丹田線がない足裏は、床に僅かに触れている感じ。この自然に浮く感覚
が虚歩に通じる。ゆっくり丹田の移動を足裏で感じながら行う。

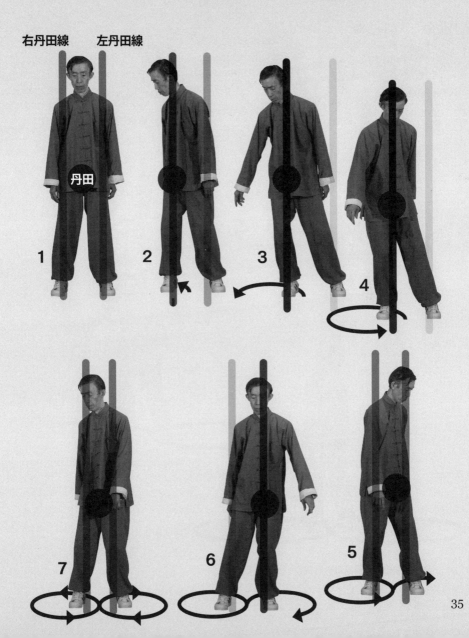

右丹田線　　左丹田線

丹田

1　2　3　4

7　6　5

丹田を感じる準備運動 5

準備運動4に慣れたら、長さ30センチ程の短棒を使って、さらに大きな八の字をイメージして行う。棒先に円を描き、視線の誘導で丹田（重心）を動かす。左右の丹田線が倒れず、丹田と足裏の感覚を意識して行う。

右丹田線　　左丹田線

丹田

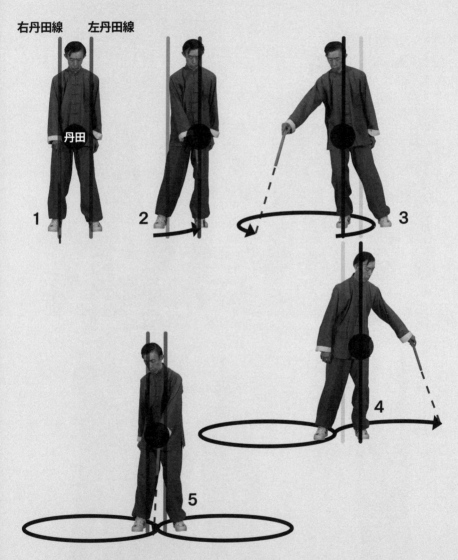

※左右丹田線の濃淡は重心意識のイメージです。

丹田を感じる準備運動 6

準備運動1～3を膝の回転で行う。膝を曲げても衝門と膝の血海が直線で結ばれていることが大事。膝の弾力を使って行う。足幅はやや広めにとり、最初は浅めに行ってもよい。太極拳の套路は膝を深くするものが多いのでしっかり行う。膝を曲げて行う分、丹田の移動は膝を伸ばして行うのに比べてやや狭くなる。

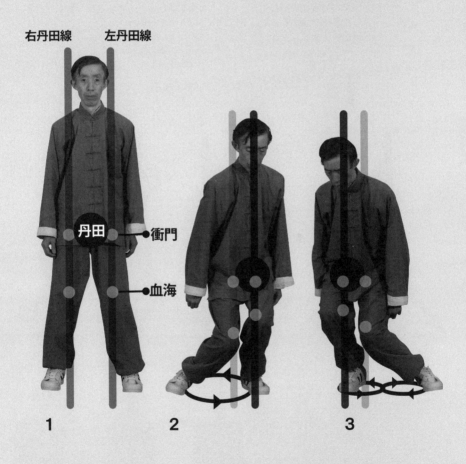

丹田線を養う歩法

ここまで止まった状態で養ってきた丹田と丹田線の感覚を保ったまま、歩法に転換する。足を閉じて行うことで、丹田の左右の動きを抑えつつ前に動かす。最初のうちは一歩一歩、ゆっくり行う。足を出す際には、丹田線が血海から斜めに地面に伸びるイメージで行う。（41頁図参照）

1　脚を揃え、丹田線で立つ。

2　膝の血海を足裏の拇指丘に下ろすように膝を曲げる。上体が前傾しないように注意。血海から前に丹田線が出ているイメージ。

3　右足重心のまま、左足を血海から前に力が出ているイメージに合わせて

　※左右丹田線の濃淡は重心意識のイメージです。

出す。この時点では丹田は右丹田線で左足は虚歩（48頁参照）。
4　左丹田線に丹田を移動させ弓箭式（46頁参照）に。左足先が少し伸びるようにイメージすると、移動がよりスムーズになる。
5〜6　丹田は左足のまま、右足を寄せる。この時、右足は虚歩でつま先を軽く接地させる。
7　そのまま右足を出す。拇指丘が接地した虚歩の状態。
8　右丹田線に丹田を移動、弓箭式になる。

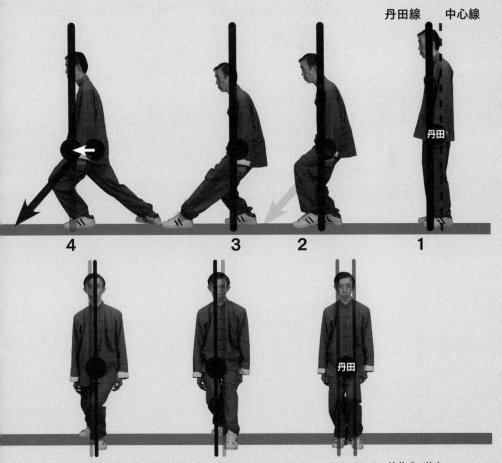

「基本姿勢」について　～丹田とツボ利用の効果を引き出すために

　丹田は正しい姿勢をとることで活性化し、これができないとしぼんで力を失ってしまいます。また、ツボも正しい姿勢によってその効果が増大します。逆に言えば丹田への感覚が明確になる姿勢を目指せば、自ずと正しい姿勢になるわけです。

　ここで言う"正しい姿勢"とは太極拳を行う上で守るべき注意点、必須事項を満たしているかどうかです。太極拳には馬歩、弓箭式などいくつかの基本姿勢があり、それぞれに共通して守るべき注意事項があります。この姿勢と要領は丹田とツボの利用だけでなく、他の要素で行う場合でも大切なことですので、覚えておいてください。

○馬歩（まほ）

　馬歩はすべての基本になる姿勢です。

　両足を肩幅よりやや広くして立ち、そのまま膝を屈して真っ直ぐ下に体を降ろし、両足拇指丘に等しく重心を乗せます。

　馬歩は足腰強化にも役立つものです。また鍛錬の方法の一つとして、馬歩の状態で片足に重心を移して負荷をかけ、しばらくして他方の足に重心を移すという具合に、交互に重心移動を行う方法もあります。

衝門
手の平の労宮を合わせる。

丹田

血海

血海に重心が通る
感じで立つ。

拇指丘

足幅は肩幅より広く。
重心は拇指丘にくる。

馬歩における丹田線の働き方

血海から前に出る力を出す

　馬歩で重要になるのは、膝のツボ・血海を意識して、丹田線がここから前に抜けていくようなイメージを作ることです。これが移動を含む、武術に必要な前に出る勢いを自然に作ってくれるからです。動きの際に、このラインがあるかないかで、突き蹴りはもちろん、動きの質が変わります。

　この為には、血海に意識が向かう立ち方と、ツボをしっかり意識して気を巡らせる必要があります。正しく馬歩ができるようになれば、立身中正や虚領頂勁といった太極拳における要訣が自然な形で身につきます。

　まず、馬歩の立ち方ですが、屈伸運動の感覚で膝を曲げる立ち方は避けてください。体全体の繋がりで膝が撓るように曲げていきます。鍛錬の意味から、ある程度負荷がかかるのは良いのですが、無理をすると膝を痛めるので注意が必要です。

　大事なことは馬歩をしているなかで、自然に重さが血海から前に抜けていく立ち方を見つけることです。その為には、頭を真っ直ぐに立てて、丹田線を維持したまま、血海を意識して姿勢を低くします。この時、腰（尾てい骨）と腹にある歯車が噛み合うようなイメージで行うと良いでしょう。

　腰の歯車を反時計回転に回すと、腹の歯車が逆に回り、腹が鼠蹊部に引き込まれ、丹田が後ろに移動します。時計回転に回すと丹田は前に移動します。この二つの歯車を操作することで、丹田の感覚と丹田の位置をコントロールします。

　最初のうちは難しいでしょうから、血海を意識しながら、膝と腰の弾力と重心を感じて行ってください。

　私自身、ツボの重要性に気がついたのはこの馬歩でした。一人で馬歩を行っている時に、「カーッ」と血海の部分が熱くなり、そこから丹田とツボの関係についての研究が始まりました。

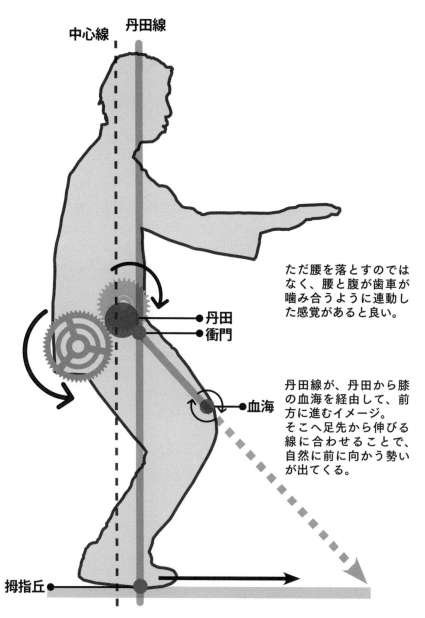

中心線　丹田線

丹田
衝門

血海

拇指丘

ただ腰を落とすのでは
なく、腰と腹が歯車が
噛み合うように連動し
た感覚があると良い。

丹田線が、丹田から膝
の血海を経由して、前
方に進むイメージ。
そこへ足先から伸びる
線に合わせることで、
自然に前に向かう勢い
が出てくる。

気の流れを意識する

血海と同じく馬歩の際に重要なのが気の流れを意識することです。
具体的には頭頂にある百会のツボを起点に、体の後ろ側は、

玉枕→魄戸→魂門→肓門→環跳→風市→陽交→かかと
_{はっこ} _{こんもん} _{こうもん} _{かんちょう} _{ふうし} _{ようこう}

へ。体の前側も百会を起点に、

雲門→衝門→血海→かかと→拇指丘・親指

へと気を下ろしていきます。
　もちろん最初は何も感じないでしょうが、ツボの位置を意識して行ううち
に、質感を伴った対流のようなものが巡っているのを感じられるようになり
ます。この辺りは個人差があることですが、最初は勘違いでもいいので続け
ることが大事です。慣れてきたら前後を繋げたり、逆回転させたりします。

　ツボを巡る対流が感じられてくると、この流れによって体に膨張感が出て、
自然に動きへと繋がります。大事なことは、気を回す時に湧泉を刺激しない
ことです。理由は湧泉を意識するとそこで気が止まってしまい回らなくなる
為です。ですから気を循環させるには湧泉を避けて親指へ流します。親指か
らの流れと、血海からの丹田線が体の正面で合流させることで動きや力にな
ります。

　呼吸は、鼻から自然呼吸で続けていれば特に拘る必要はありません。無意
識に気の巡りや、動きに合ってくればそれが一番です。あまり意識するとか
えって動きの邪魔になります。

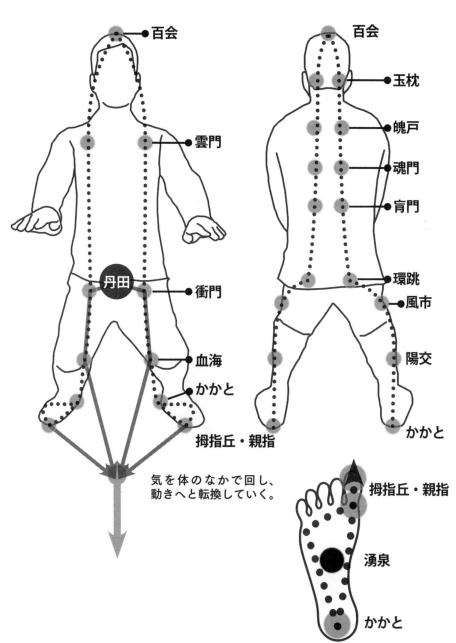

百会

雲門

丹田

衝門

血海

かかと

拇指丘・親指

百会

玉枕

魄戸

魂門

肓門

環跳

風市

陽交

かかと

気を体のなかで回し、
動きへと転換していく。

拇指丘・親指

湧泉

かかと

足裏の気の流れ。かかと
から拇指丘へと、湧泉を
迂回した三角形で流す。

○弓箭式（きゅうせんしき）

　弓箭式は套路（型）のなかでも太極拳を代表する搂膝拗歩、懶紮衣、単鞭などに多様に登場します。

　重心が前足の拇指丘上に垂直に乗るように、後ろ足はつま先を斜め45度方向より内側に向くようにします。つま先を内側に向ける時は、かかとを支点に動かすのではなく、拇指丘を支点に行います。姿勢の要領を参考に丹田線をイメージできると良いでしょう。

　弓箭式は単に弓歩あるいは弓式ということもあります。

目の高さは人差し指先。

労宮
衝門

血海から前への
勢いを持つ。　　血海

労宮と衝門を合
わせる心持ち。

45度

拇指丘

○四六歩（しろくほ）

　四六歩は文字通り後ろ足に6分、前足に4分の割合で重心を乗せた姿勢です。通常、攻撃する直前の溜め（蓄え）の姿勢として重要ですが、背折靠_{はいせつこう}のように攻撃面でも大事な役割を果たします。また中継姿勢としてよく現れます。（例：七寸靠_{しちすんこう}の馬歩から弓箭式への途中）

労宮と衝門を合わせる心持ちで

重心は後ろ足6、前足4。

背折靠

○虚式　（きょしき）（1）（2）

　虚式には二種類の方法があります。

　ひとつは片方の足に完全に重心を乗せて、他方の足を軽く着地させるようにします。この場合、両膝のツボ・血海を合わせ下半身を安定させながら、左足が虚式（虚歩）の場合、右肘のツボ・少海と左膝のツボ・血海が上下で合うイメージで。右手指先は目の高さ、左手の労宮を左衝門に合わせます。

　もうひとつは重心を乗せた足に他方の足を寄せ、つま先接地の虚歩にする形です。虚歩は拇指丘部分を軽く接地させるのがポイントです。これを地面から離すと体のバランスを保つのが難しいので離さず、かといってぺったり地面に着けないのが大事です。

　いずれも、虚の足にもしっかり意識を残しておくことが大事です。

　虚式は一般的に防御的な姿勢、構えと捉えられがちですが、太極拳では抱虎帰山（こきざん）、白鶴亮翅（はっかくりょうし）、肘底捶（ちゅうていすい）などに見られるように、実は攻撃的な要素が多くあります。これは虚式が完全に片足に重心を乗せる形になっているからです。

　また歩法においても猿猴歩（えんこうほ）（蟷螂拳（とうろうけん）に登場する、走り回る猿の姿をイメージした動き）のように、虚式の姿勢で行うことが多いです。

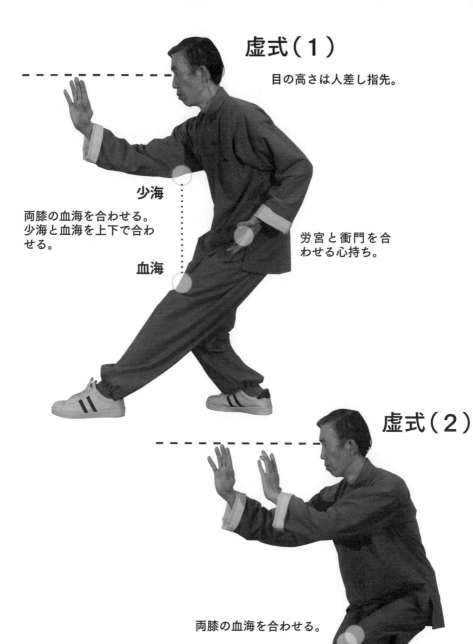

虚式（1）

目の高さは人差し指先。

少海

両膝の血海を合わせる。
少海と血海を上下で合わせる。

血海

労宮と衝門を合わせる心持ち。

虚式（2）

両膝の血海を合わせる。

つま先を軽く地面に触れさせる。

49

○金鶏独立（きんけいどくりつ）

　重心を拇指丘上に据え、そのまま丹田線に一致させます。右足は虚ですが、無にするというわけではないのが大事です。支えなく宙に足があるわけですが、ただ片足を上げているのではなく、意識はしっかり通しています。

　右足を上げる金鶏独立では、右膝血海で右肘少海を打ち上げるように行い、右足にもエネルギーが内在している状態であることが重要です。

　金鶏独立はひざ蹴りなどの攻撃的な技法と、相手の蹴りなどを足で受け、そのまま引っ掛けて崩せる姿勢です（191頁・193頁の用法を参照）。相手の足技に自分の足甲・足裏を使い、相手の太腿部分に合わせるようにして、攻撃を止めつつ、太腿から足先に沿うようにして虚に導き崩していきます。

指先はこめかみの
高さ。

手の平・労宮
を 下 に 向 け、
地面を抑える
イメージ。

足裏は地面に
対して平行に。

拇指丘

丹田線

丹田

拇指丘

丹田線

○朴腿式（ぼくたいしき）（1）（2）

　片足に重心を乗せながら腰を落とし、他方の足を伸ばした姿勢です。

　膝は伸ばし切らずに余裕を持たせます。姿勢が傾かないように、衝門をイメージするとやりやすくなります。

　実際的な用法としては、深く腰を下ろしながら相手の懐へ侵入したり、撇身捶のように相手を翻弄するような用法もあります。

こぶしをこめかみに合わせる。

朴腿式（1）

労宮と鼠蹊部のツボ・衝門を合わせるイメージ。

膝は伸ばしきらず、若干の余裕を持たせる。

指先をこめかみ
に合わせる。

朴腿式（2）

陽関

労宮と膝の外側
のツボ・陽関を
合わせるイメー
ジ。

姿勢における注意点と要項

　ここから太極拳一般で言われる姿勢の要訣について、ツボと関連させて解説します。

　ここまでに登場した立ち方、基本姿勢に限らず、本書では複数のツボを意識し、動作のなかで合わせようとしますが、必ずしも厳密に合わせる必要はありません。実際、本書の私の写真も、合っていないことが多くあります。むしろ一線上に合わせようとするあまり無理をして、体を強張らせたり、動作がぎこちなくなってしまっては、かえって逆効果になってしまいます。大事なことはツボを意識し、意識のなかで繋げることです。それができれば、丹田を中心に体の内部から連動性を持った動きが生まれてきます。それが本当に力の通った套路（型）になってゆくのです。

○二目平視（にもくへいし）

　文字どおり両目が平らな状態で、傾いていない姿勢です。頭および体が傾かないようにするわけですが、その為には頭の後ろにある左右二つのツボ・玉枕をイメージします。この玉枕から肩井へ、重さを下ろすようにイメージすると首の力みが和らぎ、顎の引き過ぎも直ります。

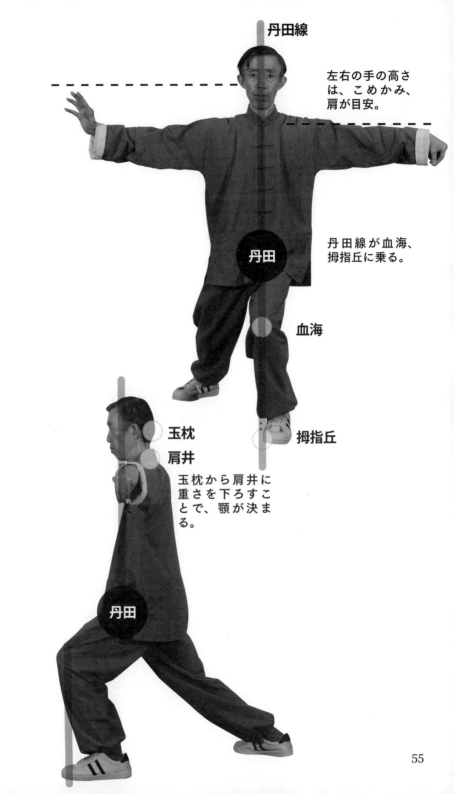

丹田線

左右の手の高さ
は、こめかみ、
肩が目安。

丹田

丹田線が血海、
拇指丘に乗る。

血海

玉枕

肩井

玉枕から肩井に
重さを下ろすこ
とで、顎が決ま
る。

拇指丘

丹田

○涵胸抜背（かんきょうばっぱい）

　太極拳の要訣の一つです。胸を張り過ぎず、へこまし過ぎず、背中から見ても、猫背になったり、後ろへ肩を引いたりしていない状態です。例えるなら"人の肩の形をしているハンガー"のような格好と言えるでしょう。要領は肩井を胸の雲門に下ろすようにイメージします。これにより肩に力みが入らず、胸が落ちて、腕などの上体の動きがスムーズになります。

目の高さは人差し指先。

肩井

雲門

左右の肩井を雲門に下ろすイメージ。

胸が落ち懐が深い状態。

労宮を衝門に合わせるイメージ。

○虚領頂勁（きょれいちょうけい）

　背すじを通して、首すじが軽く頭上に引き上げられている感じです。要領は、頭頂の百会が玉枕（左右）を下降して、さらにそのまま背中を下りながら尾骶骨に届き、そこから反動的にその３点を結ぶ線が軽く上方へ真っすぐ伸びるようなイメージです。

百会

目の高さは人差し指先。

玉枕

尾骶骨

○沈肩墜肘（ちんけんついちゅう）

　肩と肘の力みが抜ければ、体全体の動きもスムーズになります。これを実現するのに良いのが、胸のツボ・雲門を肘の少海に繋げ下ろすイメージです。自然に肩が沈んだ「沈肩」の状態になるでしょう。さらに少海の意識を小指に流すと、肘が堕ち「墜肘」になり、肩、肘の力みがなくなります。「沈肩墜肘」は「涵胸抜背」とも対応している重要な要訣です。

小指

雲門●

少海

胸の雲門を少海
に繋げ、さらに
少海と小指を繋
げる。

丹田

○気沈丹田（きちんたんでん）

　気を丹田に沈めることです。要領は胸の雲門と丹田の脇のツボ・衝門を垂直に繋げることを意識し、さらに、雲門が衝門に沈んでいくようにイメージします。涵胸抜背、虚領頂勁、沈肩墜肘と共に、イメージを大切にしながら行います。

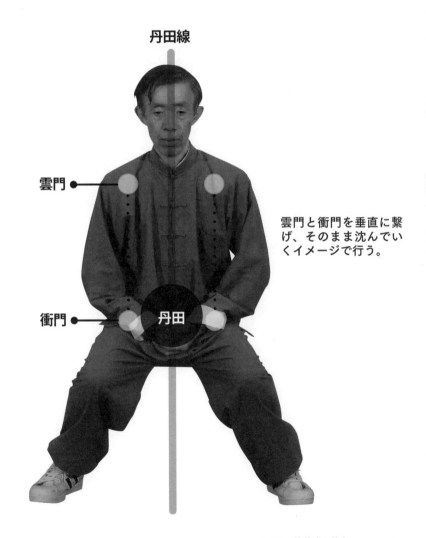

丹田線

雲門

衝門

丹田

雲門と衝門を垂直に繋げ、そのまま沈んでいくイメージで行う。

○円當（えんとう）

　円當とは大腿部内側に風船のような膨らみをイメージし、内股を円くすることです。体の上下の気の流れがスムーズになり、下半身が安定します。また体全体に張りが出て、充実した感覚が出ます。

　下の写真は丹田線で立っていても、胯（内股）を意識していない為、下半身の安定していません。

　円當の要領は衝門が、尻部のツボ・環跳に移動するようにイメージすると良いでしょう。丹田線で立ち、体を真っ直ぐ立て、立身中正に注意しながら、衝門を尻の環跳に繋げつつ、膝の血海へ下ろします。

　慣れてくると、環跳を意識するだけで円當の感覚を意識できるようになります。結果を急いで尻をつり上げたり、力みが入ったりしないように注意してください。

張力を感じない立ち方。

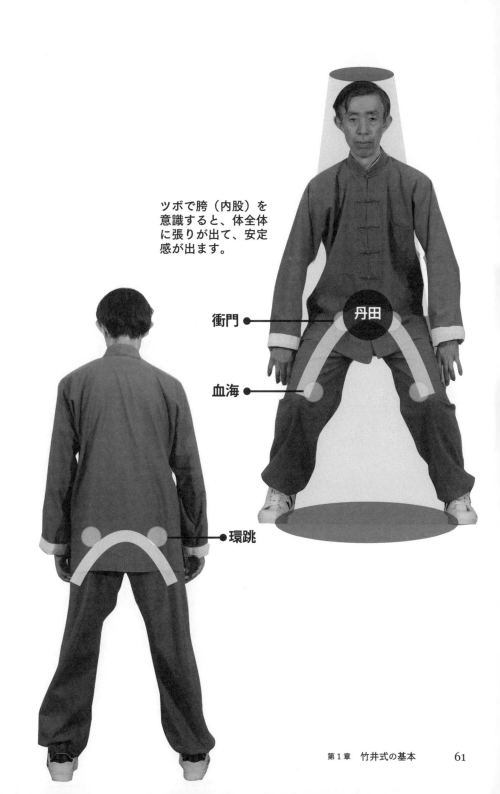

ツボで胯（内股）を
意識すると、体全体
に張りが出て、安定
感が出ます。

丹田

衝門 ●

血海 ●

● 環跳

○三尖相照（さんせんそうしょう）

　手、鼻（顔の中心）、足の３ヶ所の先端（三尖）が垂直線上にあることを言います。自分の急所を守ると同時に、力をまとめて相手に伝える為の要訣で、太極拳に限らず、中国拳法では大事にされています。

　慣れてきたら肘（少海）、丹田、膝（血海）の３点も同じ垂直線上になるように意識すると良いでしょう。

　ただし、体形、体質により難しい場合もありますので、無理をする必要はありません。他の場合と同じく、イメージで合わせていれば大丈夫です。

　三尖相照はよく「正中線」と同じ様な意味で使われ、「上下相随」とも関係しています。

三尖が一線上に揃い、
体がまとまった状態。

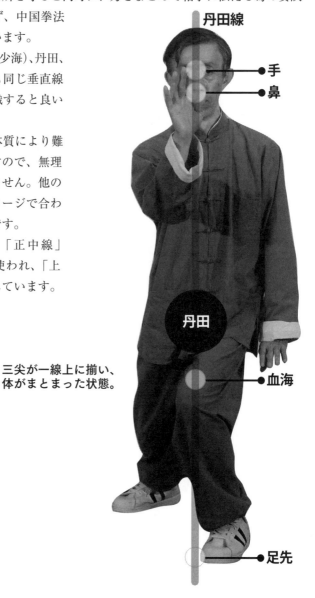

丹田線

● 手

● 鼻

丹田

● 血海

● 足先

○上下相随（じょうげそうずい）

体の上下が垂直上で対応していることを言います。例えば手腕と脚足の各部、腰腹部と肩靠部などです。

具体的なツボは、肘の少海と膝の血海、手の平の労宮と足裏の拇指丘、肩の肩井と足裏の湧泉、胸の雲門と衝門などです。これらは外見上で厳密に合わせる必要はなく、繋がりがイメージ・感じられることが大事です。

こうした繋がりは無数にありますので、自分で探してみてください。

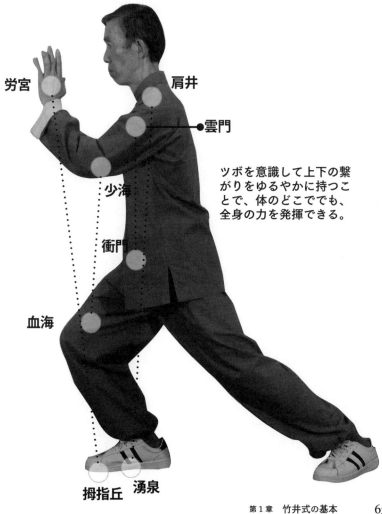

労宮

肩井

雲門

少海

衝門

血海

拇指丘　湧泉

ツボを意識して上下の繋がりをゆるやかに持つことで、体のどこででも、全身の力を発揮できる。

○虚実分明（きょじつぶんめい）

虚実の「実」は実存、実在、実質のように、現にエネルギーが充実している状態を言います。一方の、虚は"むなしい、空っぽ"というイメージがあるかもしれませんが、太極拳における「虚」は、「実」に対応する「虚」であり、おかしな言い方ですが「無いもので満ちている状態」というイメージです。「虚」と「実」は別々には成り立たず、「虚」があって「実」が存在できるという関係が、太極図の表す意味と言えます。

太極図

ですから、一つの動作、姿勢をとる時には、そこに虚と実が存在し、互いに連携し合っていなければなりません。いわゆる陰陽と虚実は全く同じものではありませんが、似た要素を持っています。

陰陽は武術に限らず広い意味で使われ、全ての現象に陰と陽の要素が働いてます。他方、虚実は一つずつの事柄、武術では套路（形）における現象を表す際に使われています。

例えれば、社交ダンスの男女の関係が「陰陽」であり、「虚実」は男女それぞれのステップや、そこにある体重移動や足の動き、互いの姿勢の状態を指す時に使います。片方が他方を回す動きでは、中心になる方が「実」であり、他方が「虚」になります。どちらが欠けてもダンスにならず、両者の関係は太極図のようにも見えます。

太極図の全体は陰陽を示し、なかの白黒模様は虚実を表していると言えるでしょう。

「虚実分明」とは、こうした互いの関係をはっきり見極め、いずれが「実」であり「虚」であるのかを明確に分けるということです。これが曖昧では、ダンスは綺麗なものにはならず、武術であれば役に立たないわけです。

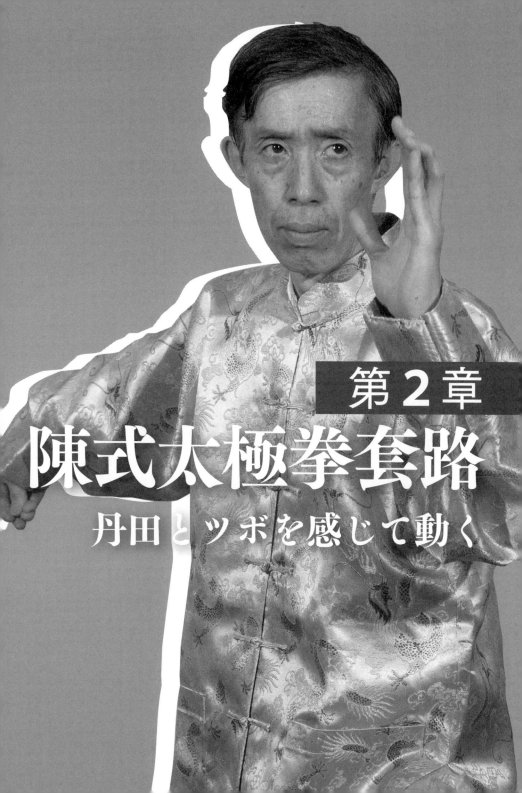

第2章
陳式太極拳套路
丹田とツボを感じて動く

「予備式」＜無極＞

<u>1～2</u>　足を閉じ、リラックスした立ち方から、重心を右足に徐々にかけながら、
力まずに左足を肩幅に開く。

<u>3</u>　足先は前方に向くように。足幅が定まったら、足先を前に向けたまま徐々に
重心を体の真ん中に戻していく。

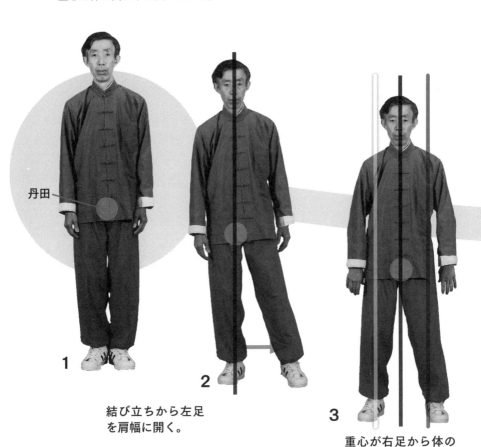

丹田

1

2
結び立ちから左足
を肩幅に開く。

3
重心が右足から体の
真ん中へ。

1 「起勢」＜太極＞

予備式の自然体の状態から、**両肘の少海**を意識して、肘を外側に拡げるようにする。この時、体の前面に円盤形の気を横にしたものがある感覚。

<u>4～5</u>　その状態から膝を緩め、腰を真っ直ぐ下ろしていく。この時、**両膝の血海を足裏の拇指丘**に落とすようにイメージする。立身中正に注意し、前かがみやへっぴり腰にならないように注意。

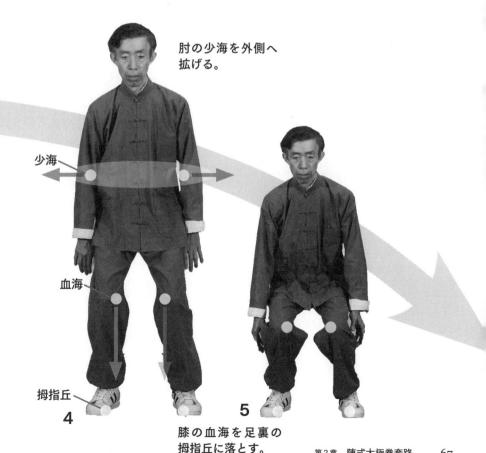

肘の少海を外側へ
拡げる。

少海

血海

拇指丘

4

5

膝の血海を足裏の
拇指丘に落とす。

6 息を吸い手足が伸びるようにイメージしながら、両手の平を上向きに遠くを見るように上体を上げていく。

7 両手を肩の高さに上げたところで、手の平を下向きに、視線も少し下に落とす。この時、**肘の少海**を**膝の血海**に下ろすようにイメージする。

6

両手の平を上向きに、立ち上がる。

少海

血海

肩の高さで両手の平を下向きに返す。
肘の少海を膝の血海に下ろすイメージ。

7

8 その状態から膝を緩め腰を落としていき、馬歩立ちになる。沈肩墜肘で顎を引きすぎない。虚領頂勁にも注意。

　視線は自然な感じで5メートル程先に置き、体を下ろしていく。膝が開き過ぎないように上体を起こす。首が力まないように顎先を緩め、**頸部の玉枕**を**肩井→雲門**へ下ろすようにイメージする。腕の意識は**少海**から**血海**、**拇指丘**まで通す感覚で、下肢は椅子に腰を下ろす感覚があると良い。

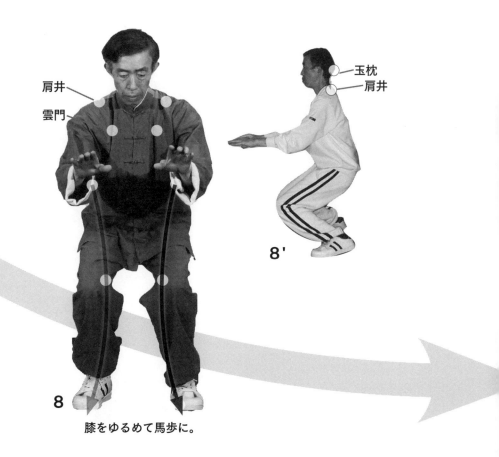

肩井
雲門
玉枕
肩井

8'

8
膝をゆるめて馬歩に。

2 「金剛搗碓」
<ruby>金剛搗碓<rt>こんごうとうたい</rt></ruby>

1～2　重心を左足に寄せながら、**右肘の少海**と丹田の**左衝門**を合わせるように
して、両手を左方から上昇させていく。

3～4　上昇させた**両手人差し指**を**左こめかみ**に合わせ、そのまま顔前を通すよ
うにしながら、**右こめかみ**に向けていく。

右少海
左衝門
左血海

左こめかみ

1

2

右肘の少海と左衝門
を合わせる。

両手人差し指と左こ
めかみを合わせ、

3

<u>5</u>　両手の平を向い合せ、徐々に右足に重心を移しながら**右丹田線**を形成していく。**左少海**が**右膝の血海**と合うようにイメージし、目線は両手指先から右方を見る。

<u>6</u>　そこから左足を右足に寄せて虚歩に、両掌は目の高さ。この時の意識は、丹田の**右衝門**が**右膝血海**に下りていくようにイメージする。

右こめかみ

右丹田線

左少海

右衝門

右血海

4
そのまま右こめかみへ。

5
左肘の少海、右衝門、
右血海を合わせる。

左足虚歩に。　**6**

<u>7</u>　**右丹田線**を維持しながら、左足が前方に伸びるようにイメージ。それにより丹田線が自然と右回転し、体が左足方向に向き始める。

<u>8〜9</u>　そのまま下方に体を沈め、前方への動作に入っていく。この時、**左手の労宮**と丹田の**右衝門**を合わせる。

<u>10</u>　次に**右手労宮**と**右衝門**、**左手労宮**と左膝の**血海**を合わせながら、重心を左足に移しつつ前方に押し出していく。

右丹田線

左手の労宮と右衝門
を合わせる。

右衝門
左労宮

7

8

9

右労宮・右衝門

左血海

右手の労宮と右衝門
を合わせる。

10

11　立身中正に注意して、右足を左足に寄せ、重心を左前足に移し右足は虚歩。**右手労宮**と**左膝血海**を合わせ、左手指先は目線の高さに合わせる。

12　そのまま金的（急所）をカバーするように**左手労宮**を押し下げ、**右手を拳**にして**鼻先**と合わせるようにしながら、右足の膝を高く上げる。

13　右足を馬歩に踏み下ろす。左手は陽掌（手の平が上）に、右拳をその左掌に打ち下ろす。肘は横に張り出さず、へっぴり腰にならないよう沈肩墜肘を心がける。視線は前方、やや下方を見るような感じに。この時の意識は丹田に置く。

（注）踏み下ろす動作は力んで行うと膝を痛める。相撲の四股踏みのようなイメージでゆっくり行うと良い。

11 右手の労宮と左膝血海を合わせる。

12 右手と一緒に右膝を上げ、

13 踏み下ろす。

3 「懶紮衣」

<u>1～2</u>　**右手人差指**を**左こめかみ**と合うように上方に回転させる。同時に**左手**を
左膝の前を払うように回していく。

<u>3</u>　上方から回して下ろしてきた**右手労宮**と**左膝血海**を、**左人差指**と**左こめかみ**
を合わせるようにする。一連の重心移動は右手の動きにしたがう。そのまま重心
を左足に乗せ、右足つま先を内側にして右方に大きく伸ばすように出す。

右人差指

左こめかみ

両手の動きのイメージ

左人差指

1

2

右人差指を左こめかみへ。
左手で左膝前を払う。

右労宮

左血海

3

右手労宮を左膝血海に合
わせつつ、左人差指を左
こめかみへ。

74

<u>4</u>　**右労宮**と**左少海**、**左人差指**と**左こめかみ**を合わせながら、**右手を左肘の外側**をカバーするように上げていく。

<u>5</u>　そのまま**右手**が**左こめかみから前髪の生え際**を通るように回していきながら重心を右足に移していく。

<u>6</u>　**右丹田線立ち**になりながら、**左手労宮**と**左衝門**を合わせる。**右掌**を立て人差指を目線の高さに遠くを見るようにする。三尖相照を心がけ右弓箭式になる。この時の意識は**左手労宮**に置く。
　この一連の動作は止まることなく流れるように行う。

左人差指と左こめ
かみを合わせる。

右手労宮と左肘
少海を合わせる。

左少海

右労宮

右丹田線

視線は右手人差指。
右手は肘を落とし、
左手労宮と左衝門
を合わせる。

4

右手が左こめかみか
ら前髪の生え際を通
るように回す。

左衝門

6

5

4 「抱虎帰山」

<ruby>抱<rt>ほう</rt></ruby><ruby>虎<rt>こ</rt></ruby><ruby>帰<rt>き</rt></ruby><ruby>山<rt>ざん</rt></ruby>

<u>1</u>　前の姿勢から右手を押し出すように左手を出す。**両手人差指を目の高さに。**

<u>2～3</u>　**両手労宮**が**右膝血海**を通るように引き落とし、さらに**左膝の血海**を通るように回していく。それとともに重心を左足に移す。この時、前かがみにならないように、立身中正に注意。視線は手の動きに従う。

2

労宮

右血海

左右の労宮を血海を通して回す。

1

両手人差指を目の高さに。

左血海

3

4　肘が浮かないように注意しながら、両手を上方へ回していく。**左人差指**が**左こめかみ**に向かうようにイメージ、右足は左足に寄せて虚歩にする。視線は両手の動きにしたがい、後方を見る。

5　両手を**左こめかみ**から**右こめかみ**へ移行しながら、重心も右足に移していく。

6　両掌を右方に打ち出すように、目線はその人差指の前方。**右丹田線立ち**になり立身中正に注意。右足実、左足は虚歩。両掌を打ち出す時は沈肩墜肘に注意。
　虎の子（気の塊）を抱いて、山に帰す（投げ戻す）、というイメージで行うと感じが出てくる。

左人差指が左こめか
みに向かうように。

目線は右手指先。

右丹田線

こめかみ

4

両手を左右のこめ
かみに沿って回す。

5

6

5 「単鞭」
<ruby>単鞭<rt>たんべん</rt></ruby>

<u>1～3</u>　**右丹田線**を軸として　立っている右足を内側に回転させ、右手を鉤手に
右胸の雲門から腕の内側に沿って、右方へ伸ばしていく。視線は右手の動きに従う。

<u>3～4</u>　右に伸びていくのに合わせて、左足をかかとから左方に伸ばしていく。
背中を通して右手と左足が繋がって伸びていくイメージ。この時、体は傾かない
よう、丹田線をしっかり維持し立身中正を保つ。左手は右手に添え、視線は右方
を見る。

右丹田線

右雲門

1

右手を右雲門へ。

2

3

右手との繋がりで
左足を伸ばす。
背中を開き、体全
体が伸びる感じ。

4

78

<u>5〜6</u>　重心を左足に移行しながら、それに合わせて腰、背、肩、腕が対応していく。重心移動の腰は高さは変えず水平移動。右手は右方に伸ばしたまま、左手は指先が**右こめかみ**から前髪の生え際を通るように、左方へと向かう。

<u>7</u>　**左丹田線**を形成しながら左弓箭式になる。**左肘少海**と**左膝血海**が上下で合うように、左膝の上に乗っている感じに。沈肩墜肘に注意、人差指を目の高さに。視線はその指先前方を見る。後ろの右足先は右45度を向くように。

左丹田線

目線は左指先。左少海と左血海を合わせる。

左少海

左血海

45度

7

右こめかみ

左手指先を右こめかみへ。

5

6

79

6 「金剛搗碓」
<ruby>金剛搗碓<rt>こんごうとうたい</rt></ruby>

<u>1〜2</u>　単鞭で後方に伸ばしている右鉤手を、**右手労宮**と**左膝血海**を合わせるように下に下ろしながら前へ差し出していく。

<u>3〜4</u>　そのまま**両手労宮**を額に合わせるようにして、頭上から後方に回していく。その動きに合わせて重心も右足に移っていく。視線は両手の動きにしたがう。

<u>5</u>　後ろに回した**両手労宮**を丹田の**右衝門**を通し、さらに前方へと出していく。この時、両肘、特に右肘が浮き上がらないように、また軸の傾きに注意する。

両手を額へ。

右労宮

左血海

右手を左血海を通して回す。

3

4

右衝門

後方から右衝門を通す。

5

<u>6</u>　**右衝門**を通した**左手**が**左膝血海**と合うように、つづけて**右手**が同じく**左血海**を通っていくように。

<u>7</u>　5で後ろ右足にあった重心を左足に移しながら、右足を寄せていく。この時、**右手労宮**は丹田の**右衝門**に置き、左手は目の高さ。上体を徐々に垂直に立てていく。右足は虚歩、つま先を軽く着地させる。視線は前方に、遠くを見るような感じ。

<u>8</u>　**左手**を**腹の前**に下ろすと同時に**右拳を鼻の高さ**に跳ね上げ、膝の**血海**を意識しながら右足を高く上げる。

<u>9</u>　右足を馬歩に踏み下ろしながら、**右拳**を左手の平に丹田前へ打ち下ろす。沈肩墜肘に注意。両足先は前方に向け、視線は前方やや下方に。
　最初の金剛搗碓は横と縦の円運動、2回目のこの金剛搗碓は縦の連続運動である。円運動が小さくならないように、ゆったり大きな円を心掛ける。

9'

右足を下ろし馬歩に。丹田の前で、右拳を左手掌へ下ろす。

9

左手を左血海を通し、目の高さへ。右手も右衝門から左血海へ。

8

左血海

右労宮・右衝門

6

7

7 「白鶴亮翅」
はっかくりょうし

<u>1</u>　両手を反時計回りに、**右人差指は左こめかみ**と、**左手労宮は左膝血海**と合う
イメージで回す。

<u>2</u>　さらに両手を回転させながら、左足に重心を移す。**左手人差指を右こめかみ**
に合わせ、**右手指先**を左脇下から左斜め後方に突き出す。右足は虚歩。視線は指
先の左斜め後方に。

<u>3～4</u>　右足を背中（右側）で体当たりするようにイメージしながら右斜め前に
踏み出す。

左こめかみ

左労宮

左血海

1

体の正面で左右の
手を反時計回りに
回転させ、

左足重心に。左手人差
指を右こめかみに。

2

3

右足を斜めに踏み出
し、着地と同時に左
足を寄せる。
右手虎口は右こめか
み、左手は左陽関に。

左陽関

4

82

右手の**虎口**（親指と人差指の間）を**右こめかみ**に合わせ、**左手**は掌を下向きに左膝外側の**陽関**に置く。視線は**虎口**を通して右斜め前やや上方を見る。体が傾かないように立身中正。左足は虚歩、沈肩墜肘、涵胸抜背にも注意する。

別角度

右こめかみ

右虎口

3'

4'

2'

8 「右搜膝拗步」

<ruby>右<rt>みぎ</rt>搜<rt>ろう</rt>膝<rt>しつ</rt>拗<rt>よう</rt>歩<rt>ほ</rt></ruby>

<u>1～2</u>　白鶴亮翅の姿勢から**右人差指**を**前髪の生え際**に沿って移動させ、腕全体で顔の前を払うようにする。

<u>3</u>　**左手**も指先と**左こめかみ**を合わせ、そのまま前髪の生え際に沿って顔前を払う。**右手**は顔を払う動作から前回し的に下へ回して右膝前を払う。
　なお" 搜膝 "とは「膝を払う」という意味。

左こめかみ

右耳・右労宮

右手で顔の前を払い、そのまま右膝前へ。

左手も同じように顔の前を払い、左膝血海から左膝前へ。
右手は右膝から顔の横（右耳・右労宮）へ。

1

2

3

4

84

<u>4</u>　そのまま**右手労宮**と**右耳**を合わせ、**左手**は顔前から両膝を払うように**左労宮**と**左膝血海**を合わせる。

<u>5</u>　左足を虚歩のまま前に伸ばし、着地した時点で、右足の丹田線の重心を**左足丹田線**に移していく。

<u>6</u>　左弓箭式になりながら、三尖相照に注意し右掌を出していく。左手は**虎口**を**膝の外側陽関**に合わせ、視線は前方に。

左丹田線

左血海

5
左手で膝前（左血海）を払いつつ、右手を前に押し出す。

6

6'

左虎口

左陽関

9 「左搂膝拗歩」

<ruby>左搂膝拗歩<rt>ひだりろうしつようほ</rt></ruby>

<u>1～2</u>　右足を寄せ、**右肘少海**と**右膝血海**が上下で接近するようにイメージする。
右手指先を**左こめかみ**に通しながら、左下方から**右膝血海**に合わせる。左手は
下から後ろ回しに耳のところへ上げていき、**左労宮**と**左耳**を合わせるようにする。
この時、重心は左足のまま、腰を垂直に落とすようにして、次の左掌打に備える。

左丹田線

左こめかみ

右少海

右血海

右陽関

1　　　　　**2**　　　　　**3**

右足を踏み出しながら、右
手は内回しに顔前を払い右
膝（血海）へ。左手は顔横（左
耳、左労宮）へ。

左手を前に押し出しな
がら、右手は右膝前（右
血海・右陽関）を払う。

<u>3</u>　**左丹田線**から**右丹田線**に重心を徐々に移行しながら、左手を顔の正面に掌で出していく。指先は目の高さ。**右手は膝内側血海**から**外側陽関**へ、膝前を払うようにする。

<u>4</u>　重心を**右丹田線**に一致させながら、**左手の肘**を下ろし、**左少海**と**右膝血海**とを上下に繋げて丹田線と合一させる。左手掌は前方に、右手掌は下向きになる。
　この時、右足の重心が足の外側にならないように注意する。三尖相照、沈肩墜肘に注意。視線は指先を通して前方遠くを見るように。

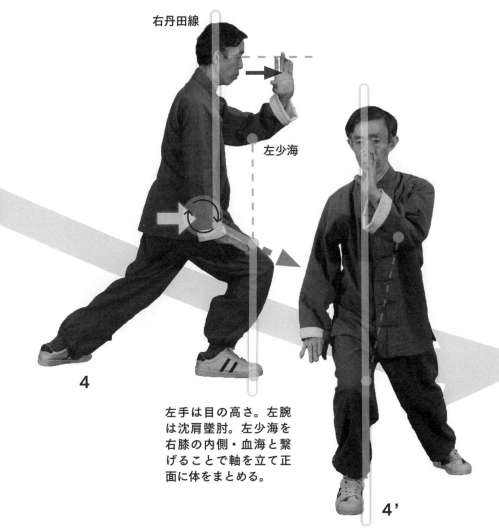

右丹田線

左少海

4

左手は目の高さ。左腕は沈肩墜肘。左少海を右膝の内側・血海と繋げることで軸を立て正面に体をまとめる。

4'

10「斜行単鞭」

<ruby>斜行単鞭<rt>しゃこうたんべん</rt></ruby>

<u>1～3</u>　左搂膝拗歩から左足を寄せていき、左手を体前面を払うように下ろし左膝血海を探る。同時に右手は右膝陽関を経て右手労宮を右耳のところへ上げていく。

右耳・右労宮

右陽関

左血海

1

左足を進めながら、
左手で顔前を払い、

2

そのまま左足前を払いつつ、右手を顔の横（右耳・右労宮）へ。

3

<u>4〜5</u>　上げた右手を敵に押さえられ、それを外すイメージで、**左手労宮**を右上腕外側から肘内側の**右少海**を意識しながら動かし、両手を交差させる。

　同時に重心を右足のまま、左足のかかとを前方に着地、上体が前かがみにならないように。

<u>6</u>　重心を右足から左足に移行しつつ両手を左右に拡げていく。重心移動の際には、**右膝血海**が**左膝血海**に移行するようなイメージで。

右少海
・左労宮

4

5

左足を下ろしながら、右手
で顔前を払いつつ、左手を
右少海へ。胸の前で手を交
差させる。

左血海

右血海

6

両手を左右に拡げていく。
左手は鉤手に。

_**7**_　左足に重心を移しながら、**右手**は掌にして指先を上に向け、**右こめかみ**と合うように。**左手**は鉤手指先を下に向け、**甲を肩の高さ**にして、左右に開く。姿勢が傾かず、**左丹田線**に重心（丹田）が乗るように行う。両手の先端は視界の中にあるように。

左丹田線

左眉衝

左丹田線

右こめかみ

左衝門

左血海

左拇指丘

7'

手を左右に拡げた時に、左拇指丘から血海、丹田、眉衝までが揃う。
左足血海が真下の拇指丘に下降するイメージで、重心を完全に左足に移す。

7

90

11「如封似閉」
にょふうじへい

<u>1</u>～<u>3</u>　後ろの右足に重心を移しながら、丹田を意識し両手を自分に引き寄せる。
左足を虚歩に。**左手指先**は**目の高さ**、視線は前方。体は前かがみにならないように、
立身中正にも注意する。

1

2

大きく左右に拡げた両手を引き
寄せながら、右足へ体重移動。

右足に腰をかけるように。

3

91

12「掩手捶」
えんしゅすい

<u>1</u>　左足を半歩差し出ししながら四六歩になる。この時、左手は相手を抑えるように出す。**右手**は拳にして**右衝門**。

<u>2</u>　後ろ右足にしっかりと重心を意識して、その重心をすべて左足に移動するようにして右拳を突き出す。立身中正、三尖相照に気を付け、視線は前方に。

右衝門

1

左手は右顔脇へ。

2

左足へ重心を移しつつ
右拳を打ち出す。

2'

13「金剛搗碓」

<ruby>金剛搗碓<rt>こんごうとうたい</rt></ruby>

<u>1～2</u>　**右拳**を掌にして人差指を**左こめかみ**に引き付けるように。**左手**は掌のまま**左労宮**を**左血海**に合わせる。

<u>3</u>　その流れを生かし重心を右足に移しながら、**右掌**は左こめかみから額の前へ、**左手**は**労宮**を**膝外陽関**の先に向かうように出す。視線は右手の動きに合わせるが、意識はまだ左手方向に。両足先はつま先軸回転で正面方向に。

右手は顔前へ、左手は
左膝へまるく下ろして
いく。

1

左労宮・左血海

2

左こめかみ

重心を右足に移しつつ、
右手で額の前を左から右
へ。左手は膝前・陽関を
内から外へ払う。

左陽関

3

<u>4〜5</u>　さらに右足への重心移動とともに、右手を右下方へ下ろしていく。左手は右手と対角に上方に向かう。

<u>6</u>　**右手労宮**で**右膝陽関**を左足に寄せるようにして重心を左足に移動していく。
　右手指先は下方に向き、左手は対称的に指先を上方に頭上高く向かう感じに。体が前かがみにならないように注意。

額の前を払った右手の動きに合わせて右向きへ。左右手をそれぞれ上下に大きく回す。

4

5

右陽関

右労宮

右手の動きに合わせて右足を寄せる。

6

<u>7</u>　**右手労宮を左膝血海**に合わせ、**左手は額の前**、上体を真っ直ぐ**左丹田線**を形成するように、左足に全体重を乗せる。

<u>8</u>～<u>9</u>　右膝を高く蹴り上げながら、右拳を同時に突き上げるようにする。**右拳**は上向き（陽拳）で**鼻の高さ**に、**左手は下方に下ろし、急所（金的）**を守るように手の平を下に向ける。左膝が伸びきらないように注意する。視線は右拳の先に遠くを見るように。

<u>10</u>　左手の平を上向きに返し、右拳をその左手の平に打ち下ろす。同時に右足を馬歩になりながら踏み下ろす。

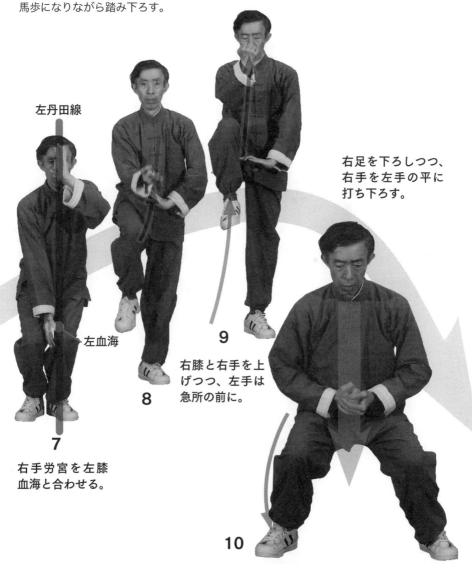

左丹田線

左血海

右足を下ろしつつ、
右手を左手の平に
打ち下ろす。

9

右膝と右手を上
げつつ、左手は
急所の前に。

8

7

右手労宮を左膝
血海と合わせる。

10

14「七寸靠」
しちすんこう

<u>1</u>　**右手を上に回しながら人差指を左こめかみ**に、左手を下に回しながら**左労宮**を**左膝血海**に合わせる。

<u>2〜3</u>　そのまま左右の手を回転させ左足に重心を移していく。**右手労宮を左膝血海**に、**左手労宮**と**左耳**を合わせる。体が傾かないように。

左こめかみ

左血海

左労宮

左耳・左労宮

1

2

3

右手を回し上げて
こめかみから顔の
前へ。左手は反対
に膝前（左血海）
を払い、

右手をそのまま膝
前（左血海）へ回
し下ろしながら、
重心を左足へ。

<u>4</u>　左足に重心を移すのに合わせて右足を右方向へかかとから出していく。

<u>5</u>　**右手労宮**を**左腕外側**の下から上方へ払っていく。**左手**は人差指が**左こめかみ**から前髪の生え際に沿って、**右こめかみ**へ向かう。

<u>6〜7</u>　重心を徐々に右足に移しながら、上方に上げた右手が左手を追うように、**左こめかみ**から右方向へ。左手はその右腕を内側から支えるように**左労宮**を**右肘少海**に合わせる。

左右こめかみ

右手を左腕外側から顔の前へ。

左足へ重心が乗ったところで右足を伸ばす。

4

5

6

右少海・左労宮

右手の動きに顔を合わせつつ、右足へ体重移動、弓箭式に。

7

<u>8</u>　重心が右足に完全に移ると同時に、体を沈むような感じに落としていく。**右手労宮**を**右耳**に、左手は膝前を払うようにする。体は前のめりにならないように。

<u>9</u>～<u>10</u>　**右手労宮**を**右耳**のまま、**右肘少海**を丹田の**右衝門**に合わせ、左方向へ重心移動。**左手労宮**は膝前を払いながら**左血海**に。腰はへっぴり腰にならないように。視線は重心移動に従う。

<u>11</u>　上体をそのまま維持しながら、左足に重心を移していき、**左丹田線**を作るように姿勢は左弓箭式に。**右肘少海**が**丹田**に落ちる感覚があると良い。右手は指先を上に向けたまま左方向前方に、視線はその指先を通して左方を見る。

右労宮・左耳

8

右少海・
右衝門

9

左手を右膝前から
左膝（左血海）へ。

左血海

10

左丹田線

右少海

11

98

<u>12</u>　姿勢はそのままに両手を上下に入れ替え、**左手労宮を左耳**に、**右手労宮を左膝外陽関**に合わせる。

<u>13</u>〜<u>14</u>　今度は右方向へ膝前を払うようにする。重心は徐々に右足に。姿勢は前かがみにならないように。

右手を左膝前（左血海）から右膝へ。左手で顔前を払いつつ右を向く。

左耳・左労宮

右労宮・左陽関

14

13

12

15 「撇身捶」
<ruby>撇身捶<rt>へいしんすい</rt></ruby>

<u>1</u>～<u>2</u>　七寸靠の動きをそのまま続けて、右手を体の側面上方に大きく回し、**右こめかみ**に**拳頭**が向かうようにする。左手は**右胸雲門**から**左衝門**へ下ろす。重心は右足。

<u>3</u>～<u>4</u>　視線は左足先を見るようにして、上体を前に倒れないように深く沈み込む。

右こめかみ

右雲門

左衝門

1

2

3

右手頭上斜め前に。
右拳とこめかみを
合わせる。
左手を右雲門から
左衝門へ。

4　深く沈み込む。

16 「背折靠」
はいせっこう

<u>1</u>　前の動作に続いて右足にある重心を、左足に移しながら右腕を裏返すように右前方に伸ばしていく。同時に**左衝門**に合わせていた**左手労宮**を**右雲門**へ。

<u>2</u>　視線は右方向に向けつつ右腕にパワーを溜めるように、軸を中心に少し内側にねじる。姿勢を四六歩の形にしながらも、重心は完全に左足の軸に乗せる。

<u>3</u>　足元に集中させたエネルギーが右肩の後ろにいき、軸を回転させ相手を肩からの体当たり（靠打）で飛ばすイメージを持って行う。この時、意識は右背中後方に。

右肩で体当たりを
するつもりで行う。

3

1

2

重心を右から左へ
移しつつ、右拳を
内側へ。

101

17 「青竜出水」
せいりゅうしゅっすい

<u>1</u>　正面を向き馬歩になりながら、右肘の外側を左手で払う。

<u>2</u>　その**左掌**を、**左肘少海**を意識しつつ、指先と鼻先を合わせるように顔前に立てる。同時に**右拳**を**右衝門**に合わせ脇に構える。肩が上がらないように沈肩墜肘に注意。視線は正面前方。

<u>3</u>　**左手**を**左衝門**に引き付けながら、同時に**右拳**を正面下段に**丹田**を意識して突き出す。

右衝門　　左少海

1

2

馬歩になりながら
左で払い、顔の前
で立てる。

左衝門

右拳を下段に突き
出す。

3

102

18 「肘底捶」
<ruby>肘底捶<rt>ちゅうていすい</rt></ruby>

<u>1～3</u>　左手で右肘の外側を払い、左方向に対応するように、指先を下向きに掌を打ち出していく。この時、**右手**は左からの攻撃を想定し、下から受けるように**左こめかみ**から**額前**に持ってくる。

　姿勢は馬歩のまま。視線は左方向に向けるが意識は額前の右手に、涵胸抜背に注意。

左こめかみ

馬歩のまま左方向
へ転じてゆく。

1

2

3

4　左手で相手を抑え、体の向きを左に向けていく。そのまま重心を左足に乗せながら、右足を寄せる。

5　その場で右足に重心を移し、左足虚歩になりながら、**右手労宮を右衝門**に合わせる。**左手**は指先を上に**目の高さ**に。

6　**右手**を立拳に**左肘少海**に合わせるように打ち込む。右拳を打ち込む時には沈肩墜肘に注意し、体が傾いたり、前かがみになってへっぴり腰になったりしないよう立身中正にも気をつける。左足つま先は軽く接地。意識は右拳に。

腕の内側に、気の円を作る
イメージで、左右雲門、左
右少海、右労宮を繋ぐ。右
丹田線でこの円を回す感じ。

右雲門　　　　　左雲門

右少海　　　　　左少海

右労宮

右丹田線

右労宮
右衝門

4

5

左に方向転換しつ
つ、右手を右衝門
に合わせる。

左少海

6

重心は右足、左足
は虚歩。

19「倒捲肱」(右)

<ruby>倒捲肱<rt>とうけんこう</rt></ruby>

<u>1〜3</u> 左膝を上げ、**左手労宮**と**左膝血海**を合わせながら、左足を斜め後方に下ろしていく。この時、右手は後ろ回しで、**右労宮**と**右耳**を合わせてから手の平を目の高さに出していく。

<u>4</u> 左手は虎口を**左膝外側の陽関**に合わせる。右足はつま先を内向きにして、膝を軽く伸ばす。重心は**左丹田線**に。

右耳・
右労宮

左血海

左丹田線

1

重心をしっかり右
足に乗せたまま膝
を上げる。

2

3

下ろした左足に重
心を乗せ、右足を
軽く伸ばす。
右手は目線の高さ
に出す。

4

20「倒捲肱」(左)

<ruby>倒捲肱<rt>とうけんこう</rt></ruby>

<u>1〜3</u>　左手を左こめかみに合わせるように上げていく。右手は右膝を払うように
しながら、その右足を斜め後ろに下げる。

<u>4</u>　右手虎口を右膝外側の陽関と合わせる。視線は二目平視に注意し、左指先前
方を見るように。

左足重心で右膝を
高く上げて歩を進
める。

左こめかみ

下ろした右足に重
心を乗せ、左足を
軽く伸ばす。
左手は目線の高さ。

3

2

右虎口・右陽関

1

4

21「倒捲肱」(右)

<ruby>倒捲肱<rt>とうけんこう</rt></ruby>

<u>1~2</u>　右手を後ろに回しながら、**右労宮**を**右耳**に持ってくる。この時、**左手労宮**は**左膝血海**と合わせる。

<u>3</u>　そのまま**左手**で**左膝**を払いながら**虎口**を**左膝外側の陽関**に合わせるようにする。左手の平は下向き。左足を斜め後方に下ろし、右足はつま先を内側に、**両膝の血海**を合わせる。重心は左足に。**右手**は前に伸ばし、**右肘少海**と**右膝血海**、**右手労宮**と**右足裏湧泉**が上下で合うように。

右労宮・右耳

左血海

左労宮

3

2

右足重心のまま左
膝を高く上げ歩を
進める。

右労宮

右少海

右血海

左足重心になり、
右足を軽く伸ばす。

右湧泉

1

22「白鶴亮翅」

<ruby>白鶴亮翅<rt>はっかくりょうし</rt></ruby>

__1__　大きく車のハンドルを右に回すように、**左人差指先を左こめかみ**に、**右労宮**を**右衝門**に合わせる。

__2__　重心は左足のまま、右足を左足横に寄せて虚歩にする。この時、**右手を左の脇の下から後方へ指先をそろえて突き出す**。**左手**は**右耳**に合わせるように顔面右側をカバーする。視線は右手先の左斜め後方に、二目平視に注意。

__3__　右肩で体当たりするように、右足を斜め前に出していく。

__4__　右足に重心を移しながら、**右手虎口**と**右こめかみ**を合わせる。その**虎口**を通して、斜め上方を見る。**左手**は**虎口**と**左膝陽関**を合わせ、左足は虚歩。

左こめかみ

右衝門

1

左右の手を大きく
回す。右手の指先
を左脇下から出す。

2

3

右肩で体当たり（靠
打）するように左
足を右足に寄せる。

左虎口・
左陽関

4

23「斜行単鞭」

<ruby>斜行単鞭<rt>しゃこうたんべん</rt></ruby>

<u>1〜2</u>　重心は右足に乗せたまま、**右人差指**を**右こめかみ**から**左こめかみ**へ顔を払うように移す。**左手**は後ろから上げていき、こちらは**左こめかみから右こめかみ**へ通す。この時、**右手**は体の下方を**右外側**へ払うように。

<u>3</u>　右手はそのまま**右労宮**が**右耳**と合うように上げていき、**左手**は**左膝内側の血海**を通るように下方を払う。右膝は軽く屈したまま。前かがみにならないように。

こめかみ

右労宮・右耳

左血海

1　虚歩の左足を上げながら、左右の手をこめかみから顔の前を払うように動かし、

2

3　左手で左血海から左膝前を払い、右手は顔の横へ。

<u>4</u>～<u>5</u>　そこから両腕を交差させ、同時に左足をかかとから前方に下ろす。**左手労宮**で**右肘**を払いながら、両手を左右に拡げていく。この時、**右膝血海**で**左膝血海**を押し出すようにして重心を左足に移していく。

<u>6</u>　左弓箭式になりながら、両腕は**両少海**を意識し、沈肩墜肘に注意しながら左右に拡げる。涵胸抜背、立身中正にも注意。視線は前方に、遠くを見るような感じに。

血海

両手を胸の前から
左右に大きく拡げ
る。

少海

4

左足はかかとから
前へ下ろし、左右
に手を回しながら
胸の前へ。

5

6

6'

24 「閃通背」

<ruby>閃通背<rt>せんつうぱい</rt></ruby>

<u>1〜3</u>　拡げている両手を中央に寄せて、左足を後退させ丹田線を立てながら、**右膝血海に両手労宮**を合わせるように引き付ける。

　そのまま重心を後ろの左足に移しながら、**左手**を後方から**環跳**を通して、天井に向かって振り上げる。同時に**右手**は下ろし**右労宮を左足裏の湧泉**と合わせるようにイメージしながら、手と足の互いの甲を合わせる。視線はその左足を見る。

左手は鈎手で背中
側から大きく振り
上げる。

右労宮

左湧泉

3

右手は体の前に下
ろし、左湧泉へ。

2

両手を中央に寄せ
つつ、左足重心に。

右血海

1

<u>4</u>　体を起こしながら、右手を顔前に添えつつ、右足先を外側へ90度回す。

<u>5～6</u>　重心を**右丹田線**に移しながら、体を右回りに180度転換。この時、左手は**右手の少海、労宮**に沿うようにして出していく。体を回転させる時には軸が傾かないように。

<u>7～8</u>　左手で相手の腕を抑えるようにしながら四六歩立ちになる。**左血海**と**左肘少海**を合わせ、右手は拳にして**右労宮**を**右衝門**に合わせる。

右丹田線

右回りに180度転換。

左環跳

右衝門
右血海

4
右足先を外側へ90度
回しつつ、体を起こし、

5

6

7

25 「掩手捶」

<ruby>掩手捶<rt>えんしゅすい</rt></ruby>

<u>1</u> 重心を**左丹田線**に移し、**左手指先を鼻の高さ**にしつつ弓箭式になりながら**右拳を前方肩の高さに突き出す**。**左膝血海**と**右肘少海**を上下に合わせる。突き出すと同時に左手は右腕内側に添える。左足先は前方に向く。鼻先、拳先、左足先の三尖相照に心がける。

左丹田線

弓箭式になりながら、
右拳を肩の高さに真っ
直ぐ突き出す。

1

左少海

左血海

8　左手で相手を抑えるよ
うにしながら四六歩立
ちに。

26「抱虎帰山」
ほう こ き ざん

<u>1〜2</u>　右足を一歩踏み出し四六歩となる。

<u>3</u>　重心を左足に移しながら、**両手を左膝血海**に合わせるようにして、後方に引きつける。

<u>4</u>　**左丹田線**をイメージしながら、右足を左足に寄せる。同時に**両肘少海**を、丹田の**左衝門**で上方に押し上げるように両手を上げていき、**左人差指を左こめかみ**に合わせる。視線はその指先方向に。

<u>5〜6</u>　そのまま両手が頭の上を通り、**右こめかみ**に向かうようにしながら、右方向に掌のまま打ち出していく。この時、両手の動きに合わせて、右足も右方向に踏み出し、重心を**右丹田線**に移し左足も右足に寄せて虚歩にする。沈肩墜肘、立身中正に注意しながら行う。

左血海
左丹田線
左こめかみ

右丹田線

右こめかみ

左衝門
左血海

1

2

3

4

踏み出した右足に左足をサッと寄せる。重心は右足、左足は虚歩。右手は目の高さに。

右衝門

右血海

6

5

114

27 「単鞭」
<ruby>単鞭<rt>たんべん</rt></ruby>

<u>1</u>　右手は相手の腕を内側から回し受けるようにして、

<u>2</u>　右方向に鉤手のまま伸ばしていく。指先は下向き。上体はそのままに左足かかとを後方に伸ばすのにつれて、右手が反対方向に伸びていくようなイメージ。立身中正を心がけ、視線は右手方向を見る。

<u>3</u>〜<u>4</u>　右足かかとから左足のかかとへ支点を移動させながら、**左手指先**も**右こめかみ**から左へ、体が左に開いていくようにする。**左肘少海**と**左膝血海**を合わせる。同時に視線も左方に向かう。

左手は目の高さ。弓箭式に。

体の中央に寄せたところから右手を鉤手で横へ伸ばし、左手は顔の前を払いつつ左側へ。

右こめかみ

4

3

2

1

28 「雲手」
うんしゅ

<u>1</u>　そのまま重心を左足に。**右手を下ろしながら右労宮を左膝血海に、左手**は肘の**少海**を意識し沈肩墜肘に注意する。視線は左人差し指方向に。

<u>2</u>　その流れのまま**左丹田線**を立てながら、**右労宮と左少海**を合わせる。右足先を左足の横に軽く着地させ虚歩にする。体の向きは左斜め前方を向き、立身中正に注意。左方を見ながら、頭が傾かないように（二目平視）。

<u>3〜4</u>　その場で重心を左足から右足に移しながら、**右手先を左こめかみから右こめかみ**に合わせるように、同時に**左手労宮を左足膝外側の陽関**に合わせる。**右丹田線**を立てながら、重心をその軸足に下ろす。視線は右手先を見る。

左丹田線

左右こめかみ

左少海

左少海・
右労宮

左血海

1

右手を回しつつ、左足
に右足を寄せる。重心
は左足。右足は虚歩。

2

右丹田線

3

右少海

右足を進めつつ、右手を
顔の前を払いながら右方
向へ。左手は膝前を払い
ながら右少海へ。

4

<u>5〜6</u>　重心は右足のまま、左足を左方に伸ばす。右手を下方に、左手を上方に回し**左手人差し指**と**右少海**を合わせながら、そのまま両腕を回し馬歩に。この時はまだ**右丹田線**を維持している感覚。

<u>7</u>　重心を徐々に左に移しながら、**左人差指**が**右こめかみ**から**左こめかみ**を、**右手労宮**は**右膝外側の陽関**を通り、**左膝内側の血海**に合うように。右足を左足横に寄せて虚歩。視線は左手指先方向に。左右数回繰り返す。
　雲手は左右の腕を交互に回すだけにみえる形だが、陳式、楊式、孫式、呉式などほとんどすべての流派に採用されている攻防の要になる重要な基本形である。

左丹田線

右足を左足へ寄せつつ、
右手を下から左少海へ。
左手はこめかみを経由して目の高さに立てる。
重心は左足、右足は虚歩。

左少海

左右こめかみ

右陽関　　左血海

7

6

左足をやや出しながら、
左手は上方向、右手は下
方向へ回す。

5

29 「高探馬」
<ruby>高<rt>こう</rt>探<rt>たん</rt>馬<rt>ま</rt></ruby>

<u>1〜5</u>　右足を右斜め前に出し、重心を移しながら、**右手**は後回しで下から上に
回す。**右手**は**耳**と合わせるように上に回し、**左手**は外回しで左腰に、**労宮**が**左衝
門**と合うようにする。

<u>6</u>　耳のところへ持ってきた右手をそのまま前方に打ち出すようにする。重心は
右足、左足虚歩、三尖相照、沈肩墜肘、肘と膝など上下相随にも注意する。

右手は両膝の前を通しな
がら下回し。

1

2

3

右こめかみ

左衝門・左労宮

4

左右の手を回しながら、
重心を右足へ。

5

6

30 「右分脚」

みぎぶんきゃく

<u>1〜2</u> 左手を下から回し、右手に合わせる。

<u>3〜4</u> そのまま両手を上にあげてから左右に大きく開く。

重心を左足に移しながら、左右に大きく手を開く。

右足実の虚歩のまま、左手を下から右手に合わせる。

4

3

1

2

5　同時に体を沈めるようにしていく。この時、重心は左足に移し座盤式に。**左膝血海**を**足裏拇指丘**に下ろすように行い、右足は左足に寄せ足先を軽く着地させる。上体は立て前かがみにならないように注意する。

6　**左手**で顔前を受けるように、人差指を**右こめかみ**に合わせつつ立ち上がる。右手は左手を被うように。視線は受けの方向。

7　両手を跳ね上げるように拡げ、その勢いを生かすように右足先で蹴り上げる。この時、足の甲に手の平を当てるように行う。

右こめかみ

両手を広げながら右足
を蹴り上げる。右足甲
が右手に当たるように
行う。

7

左右の手を顔前に回しな
がら立ち上がり、

6

5

座盤式に体を沈める。前か
がみにならないように注意。

31 「左分脚」

<ruby>左分脚<rt>ひだりぶんきゃく</rt></ruby>

<u>1</u>　蹴り上げた右足を下ろす時に両手を前方で交差させて次の受けに備える。この時、重心はまだ左足に、**両膝の血海を合わせる**ようにする。

<u>2</u>　その状態から重心を右足に移しながら、**右手指先を左こめかみ**に合わせつつ胸前に。顔面を守るようにする。左手はその右手を被うように。上体を立て、傾かないように注意。視線は前方、二目平視に注意。重心は**右膝血海を拇指丘**に下ろすように右足の内側に乗せる。

<u>3</u>　両手を上方、あるいは後ろ上方から回しながら、左手を左足の甲と打ち合わせる。体が倒れないように重心を右足内側に軸を立てるイメージ。蹴り上げる時には体が浮き上がらないように注意する。

両手を拡げ、体を起こしつつ左足を蹴り上げる。左足甲を左手に当てるように行う。

左こめかみ

右血海

右拇指丘

1

2

右足重心で体を沈め座盤式に。

3

32「双風貫耳」

<ruby>双<rt>そう</rt>風<rt>ふう</rt>貫<rt>かん</rt>耳<rt>じ</rt></ruby>

<u>1</u>〜<u>2</u>　蹴り上げた左足を、180度左回りに下ろし虚歩になり、同時に左右の大腿脇を両手で払うようにする。

<u>3</u>　両手をそのまま上に相手の両耳を挟み打つように、同時に左膝を高く上げる。この時、自分の胸の雲門を意識しながら行う。

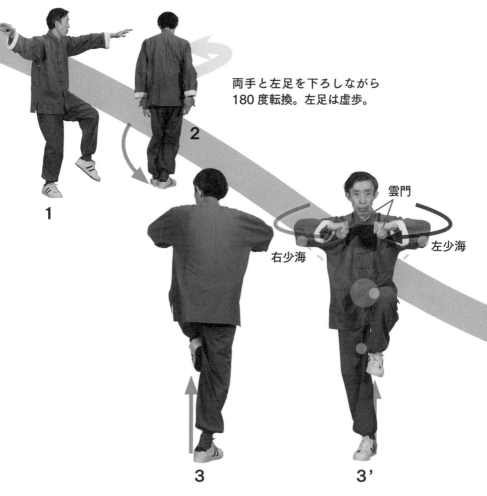

両手と左足を下ろしながら
180度転換。左足は虚歩。

2

1

雲門

右少海

左少海

3

3'

両手で左右から挟み打つように雲門へ。同時に左膝を上げる。

左右に雲門、少海、血海から丹田に向かい蓄勁。

33 「左蹬一跟」
ひだりとういっこん

<u>1</u>　蹴り出しと両手突き出しを行う寸前に、自分の内側に風船を圧縮するように気を集め、腹の丹田に意識を集中する。この丹田の気を爆発させるようにイメージして、その勢いに合わせ左足蹴り出しと両手突き出しを同時に行う。**右丹田線**で立ち、左蹴りは**左血海**を意識しながら、かかと中心に足裏全体で蹴る。

左血海

丹田に圧縮した力が、手足のツボに向かって一気に流れ込むイメージ。

右丹田線

1'

両手を左右に突き出しながら、足裏が相手に見えるように左足蹴り。

1

34 「撃地捶」
げきちすい

<u>1</u>　蹴り出した左足を歩くように下ろしながら、**左手労宮を握拳で左膝血海**に、**右手労宮を握拳で右こめかみ**から**前髪の生え際**に沿って相手の攻撃を受けるように。

<u>2</u>　続けて右足を進めて**右手労宮を握拳**のまま**左膝血海**に合わせ、左手は肘を落としながら**左労宮を左こめかみ**から**前髪に沿って顔の前**を移動させる。

<u>3〜4</u>　右足を前に進め、左膝を高く上げながら**左手**でその**左膝前**を払う。　右手は握拳で**右耳**に合わせるように振り上げる。体は前かがみにならないように、**右膝血海を足裏右拇指丘**に下ろし立身中正に注意する。

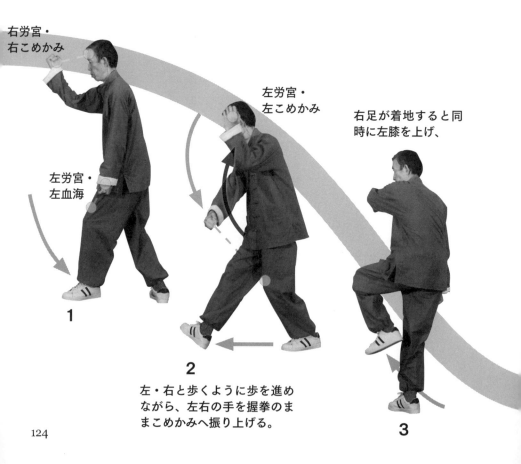

右労宮・
右こめかみ

左労宮・
左こめかみ

右足が着地すると同
時に左膝を上げ、

左労宮・
左血海

1

2

左・右と歩くように歩を進め
ながら、左右の手を握拳のま
まこめかみへ振り上げる。

3

124

5 左足を着地しながら、**右拳を斜め前へ左足の血海**から打ち出している感覚で打ち下ろす。体は体軸を心がけ、倒し過ぎないように。両腕は一直線に伸ばすような感じ。視線は右拳の先を見る。

右拳を左足膝・血海の
延長線上へ打ち込む。

5

左手で左膝前を払い
つつ、右手を後ろへ
振り上げ、

右血海

右拇指丘

4

35「翻身二起脚」

<ruby>翻<rt>ほん</rt></ruby><ruby>身<rt>しん</rt></ruby><ruby>二<rt>に</rt></ruby><ruby>起<rt>き</rt></ruby><ruby>脚<rt>きゃく</rt></ruby>

<u>1〜2</u>　重心はそのままで後ろに振り向き、外側から**左手労宮**が体の中心を通り、頭の上から顔面への攻撃を受けるようにする。**右手**は陰拳（手の平が下）のまま**丹田前**に寄せる。

<u>3</u>　重心を右足に移しながら、**右拳**を体の中心を通し拳背（裏拳）で打ち出す。**左手労宮**と**丹田**と**右膝血海**の3点が合い、その上に**右肘少海**も乗っているイメージをすると良い。姿勢は立身中正を心がけ、ここでも前に倒し過ぎないように注意する。視線は前方に。

<u>4〜6</u>　その姿勢のまま**左足爪先蹴り**。足を下ろさずそのまま跳躍し、**右足爪先蹴り**。裏拳から二起脚へは反動を使わずその場で行う。

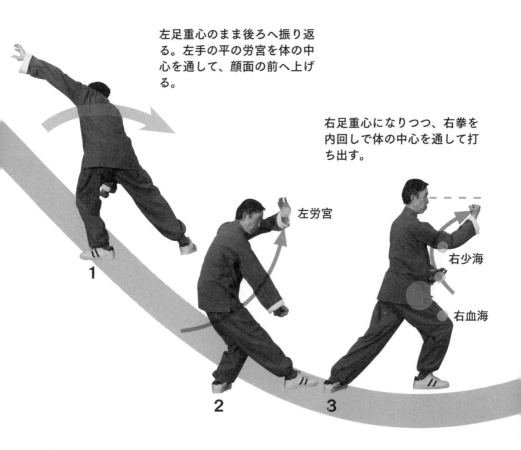

左足重心のまま後ろへ振り返る。左手の平の労宮を体の中心を通して、顔面の前へ上げる。

右足重心になりつつ、右拳を内回しで体の中心を通して打ち出す。

左労宮

右少海

右血海

1

2

3

126

裏拳からの姿勢を崩さないために、この二起
脚を左蹴り、右蹴りと分解的に行うようにし
ても良い。

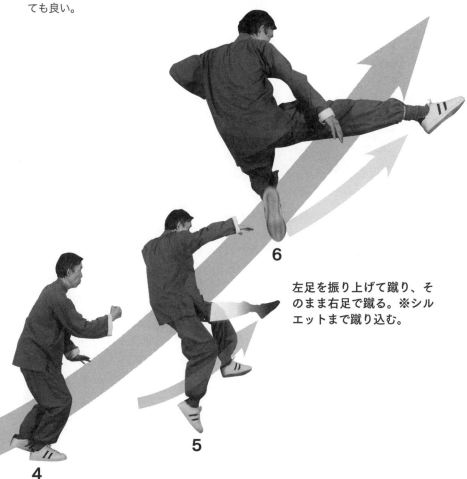

6

左足を振り上げて蹴り、そ
のまま右足で蹴る。※シル
エットまで蹴り込む。

5

4

36 「懐中抱月」
<small>かいちゅうほうげつ</small>

<u>1</u> 二起脚のあと左足に重心を乗せながら、右足を軽く伸ばし虚歩になる。**両手は労宮**と**両膝血海**を合わせるように、交差させて下段に差し出す。

<u>2〜3</u> 姿勢はそのままで両手を外回しに上昇させ、**両手労宮と両耳**を合わせながら、前方へ交差させ打ち込む。指先は目の高さ、肘が開かないように注意する。

両手労宮・
左右血海

両手労宮・
両耳

左足実の虚歩で左右の手を
耳の横を通して顔の前へ。

1

2

3

右労宮・
左こめかみ

1

右座盤式か
ら左足蹴り。

2

37 「左分脚」
<small>ひだりぶんきゃく</small>

<u>1</u> その場で腰を落とし、右足に重心を乗せながら座盤式になる。**右人差指**を**左こめかみ**に合わせ顔面をカバーする。この時、上体が傾かないように。

<u>2</u> 右足を軸に伸び上がるようにして**左足を蹴り上げる**。同時に左手は左足甲に当てるようにする。

38 「双風貫耳」

そうふうかんじ

<u>1</u> 左足を下ろしながら、右足を軸に 180 度右回りする。

<u>2〜3</u> その左足に重心を乗せながら、両手で大腿部脇を払う。右足は足先を軽く付けて虚歩にする。脇を払った**両手労宮**を尻の**環跳**に合わせてから、前方に上げていき、横拳にして肩の高さに胸前で向かい合わせる。この時同時に、**右膝血海**を**右胸雲門**に合わせて高く上げる。

右雲門

右血海

左右環跳

2

3

3'

1

39 「右蹬一跟」

みぎとういっこん

<u>1</u> 左足を軸に両手突き出しと右足蹴り込みを一気に行う。視線は右足方向に。

1

40 「千斤墜地」
せんきんついち

<u>1〜2</u>　蹴った右足をそのまま強く踏み下ろし、同時に左足を右足に寄せ虚歩。**右肘の少海**を**右膝の血海**に合わせるようにしながら腹前へ。左腕は右腕と合わせるようにしながら、**左肘の少海**を**左足血海→右足血海**と合わせる。

41 「掩手捶」
えんしゅすい

<u>1</u>　左足を前に出し四六歩になりながら**右手**を拳にして**右衝門**と合わせ、**左手**は掌にして肘の**左少海**を左膝の**左血海**に合わせながら前方を抑えるようにする。

<u>2</u>　右拳のある**右衝門**を**右膝血海→足裏拇指丘**へ繋げつつ、重心を前足の**左丹田線**に乗せながら、**右肘少海**を**右衝門**とすり合わせ右拳を肩の高さに突き出す。
　上体は真っ直ぐ立っているように。**左手**は顔面を受けるように**右上腕の内側**と掌の付け根を合わせる。

1

右少海・
右血海

左少海・
左血海

2

右衝門

1

左丹田線

右拇指丘

2

42 「小擒打」
しょうきん だ

<u>1～2</u>　突き出した右拳を掌に変えて上方を受ける。同時に**左手**は**労宮**を**右肘少海**と合わせてから、下方を受けるように**丹田前**を下に抑える。

<u>3</u>　重心は左足のまま、右足を前に出していく。つま先は右方向に向ける。

<u>4</u>　前にした右足に少しずつ重心を移しながら、**右掌**を頭の中心を通し、**後ろへ**回す。**左掌**は手の平を**前面に**押し出しながら、指先を上方に向けていく。

右手を頭上に差し上げながら、左手はしっかり大地を抑えるように。

左労宮・
右少海

1

2

3

4

<u>5</u>　右掌を反し手の平を前に向け、同時に左掌も手の平を前方に向ける。

<u>6〜7</u>　右足に重心を乗せたまま左足を進め、四六歩の姿勢になる。左掌は相手を抑えているように。沈肩墜肘に注意。

<u>8〜9</u>　そのまま左足（**左丹田線**）に重心を移していく。その重心移動に合わせて右足を左足に寄せ右足は虚歩へ。同時に**丹田横右衝門**に置いた右掌の指先を前方に向け突き出していく。**左手**は肘の**少海**を**左膝血海**に合わせながら、徐々に**右肘少海**と合うように受ける。立身中正を心掛けて一連の動作を行う。

右衝門

5　　**6**　　**7**

四六歩から虚歩へ変
化しつつ、右掌を指
先を揃えて立てて突
き出す。

左丹田線

左少海・
左血海

左少海・
右少海

8　　**9**

43「抱頭推山」
ほうとうすいざん

<u>1〜3</u>　左丹田線を後方に 180 度右回りさせ、右膝前から**右手甲**を右膝内側の血海から**外側の陽関**へと払う。**左手**は指先を**右こめかみ**と合わせるように顔前を払い、体を回しつつ右膝前へ。

<u>4</u>　**右膝血海**を**右胸雲門**に合わせるように膝を上げる。右手も同時に上げていきながら**労宮を右耳**に合わせるように、同じく**左手労宮**も**左耳**に合わせ両受けの形にする。上げた足は防御にも攻撃にも対応できるように意識する。

<u>5</u>　右足を踏み下ろし、**右丹田線立ち**の弓箭式になりながら前方に両掌を打ち込む。この時、**左労宮**は右腕内側の**郄門**（げきもん）に合わせ、**右掌指先**は目の高さに。

両耳・両労宮

右血海・右雲門

4

右手甲

右陽関

右少海

2

右手の動きに合わせて 180 度転換。右手甲で膝前を払う。

3

右丹田線

郄門

上げた右足を下ろしながら両掌を前に打ち出し弓箭式に。

5

44「抱虎帰山」

<u>1〜3</u>　重心を左足に掛けながら、両手を下から後方へ引き付ける。両手労宮を**右血海から左血海**と合わせるように。立身中正に気をつける。

<u>4</u>　そのまま両手を後ろ上方に回す。両手労宮に玉（虎の子）を掲げて山（左方）に帰すような心持ちで行う。重心は**左丹田線**。

<u>5〜6</u>　丹田線を右足に移行させながら、両掌を上方から前髪の生え際を通して打ち出していく。右手指先は目の高さで左足は虚歩。一連の動作ではとくに肘が浮かないように沈肩墜肘に注意。

両手を右から左へ、膝前を払いながら左足虚歩に。

左少海
右少海

1

2

左丹田線

3

4

右丹田線

両手を額の前を通しながら右側へ踏み出し右足虚歩に。

5

6

134

両手を胸前雲門へ回
し引き寄せ、右へ伸
ばし、

左右雲門

1 **2** **3** **4**

左こめかみ

右足虚歩から弓箭式
になりながら、左手
を顔前に立てる。右
手は鈎手。

5

左丹田線

左少海

左血海

6 45度

45「単鞭」
<small>たんべん</small>

<u>1〜3</u> 両手を**胸前雲門**に引き寄せ右足を軸
にして右鈎手で右方に。

<u>4</u> 合わせて左足を左方に伸ばす。

<u>5〜6</u> 右足の重心を左足に移しながら、**左
手指先**が**右こめかみ**から前髪の生え際を通る
ように、左方に左掌を目の高さに出していく。
右手は鈎手で右方に伸ばした状態のまま。重
心は**左丹田線立ち**に、**左肘少海**と**左膝血海**が
上下で合うように。左足先は左方前方に、右
足先は右斜め45度。かかとは浮き上がらない
ように。沈肩墜肘にも注意する。

46 「前招」
ぜんしょう

<u>1～2</u>　右足を左足に寄せ、重心を右足に乗せながら、右手を前方に伸ばし、左手は逆に後方へ伸ばす。

<u>3～4</u>　**右手を体の中心**を通るように下ろしていく。同時に**左手は労宮**を尻の**左環跳**から左膝外側の**陽関**へ合わせながら、左足と共に前方へ出していく。

<u>5</u>　重心は右足に掛けたまま、左足の膝を軽く伸ばし虚歩で出す。左手指は目の高さに、**右手**は体の中心を下から後ろへ**右労宮**を**右陽関**から**右環跳**と合わせながら、鉤手にして指先を上向きに後ろへ伸ばす。

1

右足を寄せて、右手を前に、左手を後ろへ伸ばす。

2

3

右手を後ろへ、左手を前に伸ばしながら、左足を前に。この時、右手は鉤手。左手指先は目の高さ。

4

左陽関

右労宮

右陽関

5

47「後招」
<ruby>後招<rt>こうしょう</rt></ruby>

<u>1</u>　前にある**左丹田線**に重心を移しながら、右方向に
90度体の向きを変える。**左手**は受けるようにしながら、
体の向きに合わせる。指先は目の高さ。

<u>2</u>　右足を左足に寄せ虚歩にする。**右手労宮**を尻の**右環
跳**に合わせながら前方に出していく。この時、右足を左
膝の**血海**で押し出すようにしながら前方へ出していく。

<u>3</u>　右膝は軽く伸びた状態。左手は鉤手で指先を上向き
に。正面から見た時、**左丹田線軸**が傾かないように注意
する。

左丹田線

3'

右足を伸ばしなが
ら、右手を前に、左
手を後ろへ伸ばす。

左丹田線

右血海

右環跳

3

2

90度右へ転換。

1

48「野馬分鬃」（右）
やばぶんそう

<u>1〜3</u>　重心は左足のまま、**右手**を内回し、懐にある球を転がして丹田
へ納める心持ちで。**左手**は下から上へ回しながら指先を**左こめかみ**に合
わせるようにする。姿勢は前かがみにならないように注意し、膝は軽く
伸ばしたまま。

<u>4</u>　体の軸を左に回し左方向を見るようにする。この時、**左手指先**が**右
こめかみ**と**右手指先**が**左肘少海**と上下で合うようにする。左手の平は外
側に向き、右手の平は上方を向ける。右足は斜め前方にかかとから伸び
ているように。

左こめかみ

1

2

右手の平にある球を懐に
納めるイメージで。左手
はこめかみへ。

3

__5__ その右足かかとで半円を描くようにして、重心を右足に移しながら左手を左外側から下ろしていく。**右手**は反対にそのまま上昇させ、**左こめかみ**に合わせにいく。視線は右手の動きにしたがう。

__6__ **右手労宮**を見るようにしながら右斜め方向へ向かう。**左手**は**労宮**を**左衝門**に合わせるように下ろしていく。

__7__ 右足に重心を完全に移しながら、左手は腹前（丹田）でお椀を抱えるような感じ。右手指先は天上を向き、目の高さに。視線はその指先の前方遠くを見るような感じに。沈肩墜肘に注意し、**右肘少海**と**右膝血海**が上下で合うように。

右手指先は目の高さ、左手は腹前に。足は弓箭式になる。

右少海

右血海

7

右手をこめかみを通して顔前へ。これを見るように体も右斜め方向へ。

左労宮・左衝門

右こめかみ

左少海

右指先

6

5

4

額の前

左労宮・
右衝門

2'

右こめかみ

左こめかみ

右丹田線

3'

1

左足を寄せる動き
で体を右向きに。

2

3

140

49 「野馬分鬃」(左)

<ruby>野<rt>や</rt>馬<rt>ば</rt>分<rt>ぶん</rt>鬃<rt>そう</rt></ruby>

<u>1〜2</u> 重心を**右丹田線**にしっかり乗せ、左足を寄せながら、体を右方向に向ける。同時に**右手**は手の平を外側に向けながら**額の前**に、指先は左側に向く。**左手は労宮**を**右衝門**に。視線は右斜め後方を見るように。

<u>3</u> 左足の膝を軽く伸ばし、内旋させながら、左斜め前方へ差し出すようにする。**右手**は**左こめかみ**から右斜め後方へ向かう。**左手**は**右衝門**から**右こめかみ**に合わせる。

<u>4〜6</u> 左足に重心を移しながら、左手をそのまま左斜め前に出していく。視線もその左手の動きに合わせ左斜め前方に向かう。**右手**は右後方を下降し、**右労宮**を**右環跳**から**右衝門**と合わせながら、おわんを抱えるように手の平を上向きに丹田前に置く。左足先は斜め前方の弓箭式立ち。

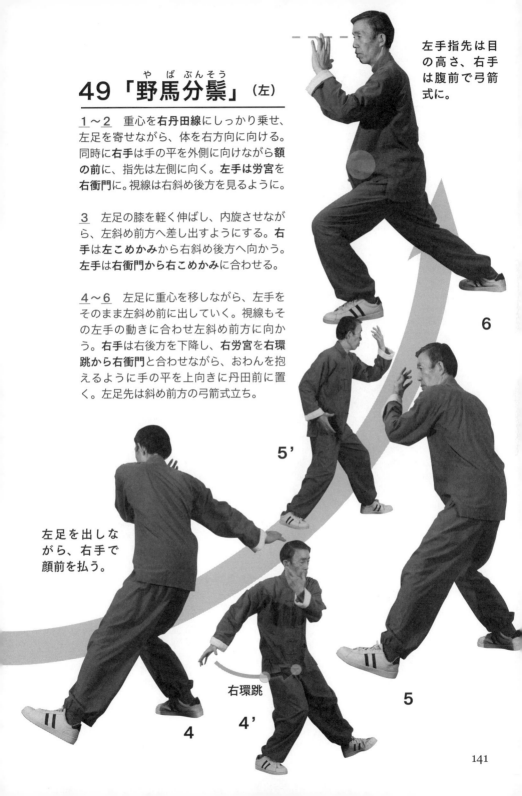

左手指先は目の高さ、右手は腹前で弓箭式に。

左足を出しながら、右手で顔前を払う。

6

5'

5

右環跳

4

4'

141

50「野馬分鬃」(右)

1～2 **左丹田線**をやや左に回転させながら、**右足を寄せる**。同時に**左手指先**を**左こめかみ**に、**右労宮**を**右衝門**に合わせる。視線は左斜め後方に。

3～5 右足を斜め前方方向にかかとから伸ばしていく。

左丹田線

左こめかみ

右労宮
右衝門

1

2

左足に重心。右足を
寄せつつ左に向く。
右足は虚歩。

3

4

142

<u>6〜8</u>　右手指先は左こめかみに、左手労宮は左環跳に合わせ、重心を右足に乗せていく。右弓箭式になりながら、右人差指を上向きで目の高さに、左手労宮を左衝門から腹前丹田へ、球を抱えるように、手の平を上向きに。視線は右手方向。立身中正に注意。

右手指先は目の高さ。
足は弓箭式になる。

8

左衝門

左環跳

7

右足を伸ばしつつ、右手で顔の前を払いつつ右方向へ。

6

5

51 「玉女穿梭」

ぎょくじょせんさ

<u>1〜3</u> 　右足から左足へ重心を移しながら左足で沈み込みつつ、**右手**で膝前をすくうようにする。姿勢は前かがみにならないように。

<u>4</u> 　すくう勢いをそのまま生かすように右足を上げる。この時、**右膝の血海**で**右肘の少海**を押し上げるように右手を顔前まで上げる。同時に**左手**は顔前をカバー、**左労宮**を**右肘少海**に合わせるように、右腕内側に添える。左足は独立式の形、視線は前方を見る。

<u>5</u> 　そのまま、すっと下ろし虚歩の姿勢になる。**右肘の少海**に**左手労宮**を合わせたまま、それを**左右膝の血海**に下ろすようにする。**左丹田線立ち**をイメージできると良い。

右手の動きに合わせて、右足を左足に寄せ虚歩。

右手を膝前からすくい上げ、

1

2

3

手の動きに連動して
右足を上げる。

右手・右足を下ろし虚
歩に。

左丹田線

右少海

右血海

右少海・
左労宮

左右血海

4

5

<u>6</u>　虚歩の姿勢から、再びすーっと左一本足の独立式になる。

<u>7〜8</u>　**右丹田線**を立てながら右足を踏み込み、同時に右掌打を前方に打ち込む。沈肩墜肘を心がけ、指先は目の高さ。

<u>9</u>　続いて同じようにして左足で踏み込む。**左膝血海**に**左肘少海**を合わせるように肘を落としながら、左掌打を正面に打つ。

<u>10〜11</u>　右足を寄せて**左丹田線**を立てる。**左丹田線**を右に回すように体を一回転右回りさせ馬歩の肘打ちへ。<u>8</u>の左掌打を打ち込む時に寄せた右足をそのまま膝を上げ、体を右回転させながら、右拳頭に左掌を添える。回転中に右足を進行方向に下ろしつつ右肘打ちの体勢に入る。この時、重心はまだ左足にあり意識も左丹田線に置く。視線は進行方向に。

右丹田線

8

7

6

右足を下ろすと同時に左足を進め、左掌打を打ち込む。

左少海

左血海

9

146

<u>12</u>　背中に意識を移しながら重心を右足に移していく。馬歩になりながら両腕を胸前で水平に一直線にする。

　右拳は横向き、左掌で右拳を包むようにして、右肘を進行方向に打つ。姿勢は馬歩であるが、重心は右足に**右丹田線**で肘打ちするイメージ。体が傾かないように立身中正、虚実分明に注意する。

　また、肘打ちの時、肘と肩が浮き上がらないように沈肩墜肘、虚嶺頂勁にも気をつける。この時の肘打ち寸前の意識は**右肘少海**に。視線は進行方向のまま。

右丹田線

右少海

打ち込むと同時に右足を
左軸足に寄せ右回転。

回転の勢いを殺さずその
まま肘打ち。

12

左丹田線

11

10

52「懶紮衣」

<ruby>懶<rt>らん</rt>紮<rt>さつ</rt>衣<rt>い</rt></ruby>

<u>1～4</u>　馬歩の姿勢のまま、**右手人差指が左こめかみから眉衝を通る**ように、**左手は労宮を右膝血海から左膝血海へ合わせる**ようにして、下から上げていく。

<u>5～6</u>　重心を左足に移動しながら、右足を自分の右方にかかとから伸ばしていく。この時、**右手は左膝血海に合う**ようにしながら、さらに**左肘少海へ向かう**。**左手は左こめかみへ**。左丹田線立ち。

左こめかみ

馬歩のまま両手を大きく体の前で回す。

眉衝

右血海

左労宮・
左血海

1

2

3

4

5

148

7～10　左足軸の重心を右足に移しながら、
左人差指先を**左こめかみ**、**前髪生え際**へと通
し、後を追うように**右人差指**を、**左こめかみ**
→前髪生え際→右前方へ合わせる。**右丹田線**
を意識しながら**左手労宮**を**右少海**、**右衝門**か
ら**左衝門**と下ろしていく。右指先は目の高さ。

手の動きに合わ
せて右足重心に。

7

左丹田線

右手の動きに左
足重心に。右足
を伸ばし、

左少海

8

6

右丹田線

右少海

右衝門

左衝門

弓箭式になる。
手と重心の連動
が重要。

9

10

149

53 「抱虎帰山」
ほうこ　きざん

<u>1～2</u>　右手と共に左掌を前に差し出してから、

<u>3</u>　両手の労宮を**右膝血海**から**左膝血海**へと合わせるように後方に引き落とす。

<u>4～7</u>　左足に重心を乗せながら、**両手指先**が**左こめかみ**に向かうように上げていく。右足は虚歩、つま先は軽く接地。立身中正に注意して、視線は両手の動きに従う。

<u>8～10</u>　上昇させた両手の勢いをそのままに、重心を右足に移しながら、右に指先を上にして両掌を放り投げるように打ち出す。
　この時、手先打ちにならないように、**右丹田線**の軸を生かして体で打ち出すようにする。沈肩墜肘、立身中正に注意。右手指先は目の高さに、視線は指先方向の遠くを見るように。左足は虚歩、足先は軽く地に付ける。

左手を右手に合わせてから下（血海）へ回す。

左右労宮

左右血海

3

2

1

左こめかみ

左丹田線

右丹田線

4

5

6

手の動きに連動
して左足重心へ。
右足は虚歩。

7

8

顔前に両手を通
して、右足を踏
み出し重心を移
動させる。

9

10

54 「単鞭」

<ruby>単鞭<rt>たんべん</rt></ruby>

<u>1～4</u>　左足は虚歩のまま、**右丹田線**を軸として立っている右足を内側に回転させるようにして、右手先を**右胸の雲門**に合わせながら、内に回しながら右方に伸ばしていく。視線は右手の動きを追うようにしながら右方先を見る。

<u>5</u>　右方に右手が伸びていくエネルギーの反動を生かすように、左足をかかとから後方に伸ばす。体全体が伸びるイメージ。左手は右手に添える。肩が上がらないように、立身中正に注意する。

右丹田線

右雲門

重心は右足。左足は虚歩のまま。

視線は伸ばす右腕に。同時に左足を後方へ伸ばす。

1

2

3

4

5

左丹田線

左少海

左血海

6～8　**右丹田線**を右かかとから左か
かとへ移動させながら、体の後ろ部分
で相手の体勢を崩すように重心を**左丹
田線**に移していく。ちょうど右かかと
が扇の要（支点）になって、扇が開く
ように体を開いていく。
　右手は鉤手のまま肘の少海を意識し
右方に伸ばし続ける。**左手指先が右こ
めかみ→前髪の生え際→左方前方**へと
向かう。

9　左手は6～8で手の平が自分の顔
の方に向いたまま、左方へ出していき、
沈肩墜肘に注意し、**左肘少海と左膝血
海**が上下で合うようにする。右鉤手は
肩の高さ。左手人差指は目の高さに。
視線はその指先前方を見る。

9

8

右こめかみ

左手指先を右こめかみか
ら、前髪の生え際を通っ
て、左前方へ。この動き
に合わせて、重心を右か
ら左へ移動する。

7

6

55「雲手」

うんしゅ

<u>1〜2</u>　左人差指はそのままに、**右手を右足膝外側の陽関から左足血海**へと合わせながら、左側へと移動していく。

<u>3〜4</u>　重心が左足にきたら、右足を寄せて**左丹田線**で立つ。**右手は左肘少海**へ。左人差指が目の高さに合うようにしながら、視線はその指先を通し遠くを見るようにする。

<u>5〜8</u>　そのまま**右手指先を左こめかみ→前髪生え際→右こめかみ**へと移行。同時に**左手は左膝外の陽関**に合わせるように下ろし、**右肘少海**へ。この動きにつれて重心を右足に移していき、左足を左方に伸ばす。

右手の動きに合わせて弓
箭式から右足虚歩に。

左丹田線

左少海

左血海

3

右陽関

2

左こめかみ

4

右手で顔の前を払う動き
に合わせて右向きに。

5

左陽関

6

7

154

9～10　左手指先が右こめかみを、右手労宮が右膝陽関を通るようにし、馬歩立ちから左足重心へ。

11～12　そのまま右足を左足に寄せつつ左手指先は目の高さ、右手指先を左膝血海を経て左肘少海に合わせながら虚歩になる。視線は指先を通して左方遠くを見るように、虚嶺頂勁、沈肩墜肘に注意。
　左右上下に両手を交互に回していくだけの形だが、用法的には相手の攻撃を受け、捌き、相手の体勢を崩し、打つという基本的な要素を持つ技である。動作は大きくのびやかに行うと良い。

こめかみから顔の正面へ、左手の動きに合わせて、重心を右から左へ移動する。

右少海

8

9

10

11

12

56「双擺脚」

そうはいきゃく

<u>1〜3</u>　前の「雲手」の姿勢のまま、重心を右足に移して
から、左足を斜め前に踏み出し弓箭式になる。この時、**丹田、
両肘少海、両手労宮**を意識し、両手を開いて右斜め前に押
し出す。視線は右手方向を見る。

<u>4〜5</u>　姿勢が傾かないように二目平視に注意し、右足で
擺脚する。

労宮

こめかみから顔の正面
へ、左手の動きに合わ
せて、重心を右から左
へ移動する。

少海

5

右足で擺脚（内ま
わし蹴り）

4

3

2

1

（注）元の技法は、跌叉（てっ
さ）という、素早く腰を地に
落とす動作（右）であるが、
ここではやわらかく行う（楊
式）の技法を採用した。

156

57「扇通背」

<u>1</u>　蹴った右足を踏み下ろしながら、**右人差指と右こめかみ**を、**左人差指と鼻先**を合わせるように、両手を右側後方へ持っていく。視線も同じ。左足は虚歩。

<u>2～5</u>　そこから左方向に左弓箭式になりながら、両手を下から前方に押し出すように**右手労宮を右環跳から右衝門へ**。**左手労宮を左衝門から左血海**へと合わせながら出していく。

<u>6</u>　そのまま右手で顔前を上に受ける。指先は左方向。この時、同時に左手を相手の胸部を掌打するように指先を上に向け出す。

右指先・右こめかみ

右衝門

右環跳

左衝門

左血海

両手をそれぞれのツボに合わせながら体の正面へ。

1

2
蹴り足を下ろしながら左向きに。

3

4

5

6
左手を出しながら弓箭式に。

157

58「朝天蹬」
ちょうてんとう

<u>1〜3</u>　左手はそのまま指先を目の高さに**左丹田線**を維持しながら、右足を左足横に寄せ虚歩になり、**右手は衝門**に下ろす。

<u>4</u>　その姿勢のまま左膝を深く曲げ、**左肘少海を左衝門**に合わせる。

<u>5</u>　そのまま**左労宮を左血海**に下ろし、**右労宮を右雲門**に合わせるように上げる。

<u>6〜7</u>　さらに**右膝血海で右肘少海**を押し上げるように右膝を上げ、**左手は労宮を左膝外側の陽関**に合わせる。この時の右手指先は後ろに向いている。

左丹田線

右手を大きく回すのに合わせて、右足虚歩に。

左手を陽関へ。下を抑えつつ右手・右膝を上げる。

右少海

右雲門　右労宮

左労宮・左血海

左少海・左衝門

右手・右衝門

1

2

3

4

5

6

7

59「金鶏独立」

きんけいどくりつ

1～2 今度は右膝を下ろしながら、右手も下ろしていき、徐々に重心を右足に移しながら低い姿勢へ。左手は手の平を上向き、右手は下向き。

3 **右手労宮と右衝門**を合わせ、**左手労宮と左雲門**を合わせるようにしながら、左手と左足を上げていく。

4 さらに**右労宮を右陽関**に下ろしていき、左手は指先を後ろに向けて、**左労宮を左こめかみ**に合わせる。**左膝血海**で**左肘少海**を上げるように左膝を上げる。視線は前方、完全に**右丹田線立ち**に。立身中正に注意する。

右丹田線

左労宮・
左こめかみ

左少海・
左血海

右陽関

先ほどとは逆に、左手で下を抑えつつ、右手・右膝を上げる。

右足を下ろしつつ、右重心で低い姿勢になる。

左労宮・
左雲門

右労宮・
右衝門

1

2

3

4

60「倒捲肱」
とうけんこう

<u>1〜2</u>　**左手を右こめかみ**を通し、そのまま上げた**左血海**に合わせる。右手は**指先を右こめかみ**に合わせる。脇が開かないように沈肩墜肘に気をつける。

<u>3〜5</u>　左足を斜め後方に下げながら、重心をその左足に移していく。右足先は内向きにして、右膝を軽く伸ばす。同時に右掌を立てて、目の高さに打ち出す。左手は左膝の前を払い、手の平を下に。**左労宮と膝外の左陽関**を合わせるようにイメージする。

右こめかみ

左手で左膝前を払いながら、左足を後ろへ下ろす。

左血海

1

左手はこめかみから左血海へ。右手は後ろからこめかみへ。

2

3

4

左足実の虚歩になる動きに合わせて、右手を前に出す。

左労宮・左陽関

5'

5

160

<u>6</u>～<u>7</u>　**右足の膝を上げ、右労宮と右血海**を合わせるようにして右膝の前を払う。**左手は指先を左こめかみに。**

<u>8</u>～<u>10</u>　その右足を斜め後ろに下げながら、左手は前方に指先を目の高さに、三尖相照、立身中正に注意する。左足先はやや内側に向け**両膝血海**を合わせるようにして重心を右足に乗せていく。この時、**右手は右膝外側の陽関**と合わせていく。

右手・
右陽関

10

左指先・
左こめかみ

右労宮・
右血海

左右血海

右陽関

9

左手は後ろから左耳脇を通し前へ出す。

7

8

右手を上げた右膝の内側血海を通しつつ、右足を後ろへ引く。

6

11〜12　左膝を上げて**左人差指を右こめか
み**を通し、そのまま**左膝血海**に下ろしていく。
右手は指先を右こめかみと合わせる。**右丹田
線**で立ち、姿勢が前かがみにならないように。
沈肩墜肘にも注意する。

13〜14　左手で左膝前を払うようにしなが
ら、左足を左斜め後方に下げて重心を移して
いく。この動きに合わせて、右足先を内向き
に膝を伸ばし、**左右血海**を繋ぐように左足に
引き付ける。左手は手の平を下向きに、**左労
宮と陽関**に合わせる。右掌は肘を落としなが
ら、指先を上に目の高さに打ち込む。

右こめかみ

左労宮・
左陽関

14'

右丹田線

左血海

11

12

13

14

左手で左膝前を払いな
がら、左足は後ろへ進
め左実の虚歩となる。

162

61「白鶴亮翅」
はっかくりょうし

<u>1〜3</u> 左足を斜め後ろに少し引きなが
ら、重心も左足に乗せる。右足は左足に
寄せて虚歩に。**左手**は顔の右側面を受け
るように**左人差指と右こめかみ**を合わせ
る。**右手**は指先をそろえて左脇下から斜
め後方へ差し出すように。この時、立身
中正を保ちながら、**右胸雲門と左尻部の
環跳**を合わせるようにすると良い。視線
も左斜め後方に。

<u>4</u> 右足を斜め前に出し重心移動をしな
がら、右肩で当たるようにしていく。右
腕全体を鳳が翼広げるようなイメージで、
斜め前に向かって腕を立てるようにする。

<u>5〜6</u> 左足は右足に寄せ虚歩に。右丹
田線立ちになり、沈肩墜肘に気をつける。
　左手は手の平を下向きに膝外側に。**右
手**は指先を上に、視線は**右虎口**を通し斜
め前やや上方を見る。

右虎口

踏み出した右足に左
足を虚歩で寄せる。
サッと、体をひとま
とめにして行う。

左指先・
右こめかみ

右雲門

左環跳

6

5

4

3

2

1

左右の手を大きく回
し、右手を左脇下へ
差し入れつつ、右足
虚歩。

163

右こめかみ

62「斜行単鞭」
（しゃこうたんべん）

<u>1〜3</u>　**右手指先を右こめかみ**から前髪の生え際に沿うように、顔の前を横に払い時計回転で**右血海**へ。左手は外から同じく顔前を払いそのまま、上げた左膝へ、**左労宮と左血海**を合わせるように持っていく。

<u>4〜5</u>　左足を前にかかとから着地させ、同時に**左手で右肘の外側を下から払うようにする。**

<u>6〜8</u>　右足にある重心を左足に乗せながら両手を左右に開く。右手指先は上方に、左手は鉤手にして指先は下を向く。**左丹田線**を意識して、涵胸抜背に注意する。視線は前方に、遠くを見るようにする。

1

2

── 右血海

── 左血海

左労宮

3

右手、左手で顔前を払いつつ左足虚歩に。

4

左丹田線

8

7

体の前で両手を開き二
目平視へ。

6

5

63「閃通背」

<ruby>閃通背<rt>せんつうぱい</rt></ruby>

<u>1</u>〜<u>3</u>　目の高さに両手を合わせ、重心を後に下げるようにして右足に。

<u>4</u>〜<u>5</u>　左足を退げ、**両手労宮**を**右膝血海**から**左膝血海**へ。左下肢の**三陰交**、**足裏湧泉**に合わせるイメージを持ちながら、重心を左足に乗せていく。
　そのまま両手を引き落とし**右手甲**と**左足甲**を合わせるように、左手は指先を揃え鉤手にして、指先が上方を向くようにする。視線は右手に。上体は動きに合わせて前屈するが、自分の意識には立身中正を保つ。↘

左右労宮

1

2

3

右血海

重心を左足に移しながら両手を合わせ引き落とす。

4

左血海

左三陰交

左湧泉

5

64「掩手捶」
えんしゅすい

__1〜3__ 重心を前の左足に移しながら弓箭式になり、**右拳を前方に肩の高さに横拳で突き出す。左手は開いて左指先を右こめかみに合わせ、顔面をカバーする。

弓箭式になりつつ、右横拳で正面を突く。

3

2

1

180度転換し、四六歩へ。

9

左足重心のまま、右手を体の中心を通して内から右外へ。右足先もこれに合わせる。

左衝門

8

左環跳

7

6

__6〜7__ 重心を左足に乗せたまま体を起こし、**左手を尻部環跳から左衝門**と合わせて前へ差し出すようにする。

__8__ そのまま前の右足に重心を移しながら、その右足を軸に180度右回り。この時、**左人差指と鼻先**を合わせるように行うと良い。

__9__ 180度回転したところで四六歩に。手は**左人差指を鼻先に、左少海を左血海**に合わせながら、前方を抑え受けるようにする。**右手**は拳にして**右衝門**に置く。視線は回転の勢いで傾かないように二目平視で前方を見る。重心は四六歩の姿勢であるが、**両膝血海**を合わせながら、後ろの右足に乗せるようにする。

65「抱虎帰山」
ほう こ き ざん

<u>1〜3</u>　右膝血海を意識し右足を前に出す。四六歩になりながら、**両掌を胸の雲門**の高さに。指先を上にして、沈肩墜肘を心がけ打ち出す。視線は指先前方を見る。

<u>4</u>　後ろの左足に重心を移しながら、**両手労宮を左膝血海**に合わせるように引き落とす。姿勢が前かがみにならないように注意し、視線は両手の動きに従う。

<u>5〜7</u>　そのまま両手を引き上げていく。この時、前の右足を左足に寄せ虚歩にし**左丹田線**を作る。引き落としてきた**両手労宮**は**左こめかみ**を通り、**頭頂の百会**に向かう。体が浮き上がらないように注意する。

<u>8〜9</u>　**左丹田線**から右足を一歩踏み出し、その右足に重心移動を行う。左足は虚歩にして右足横に寄せる。この時、**両手労宮**を重心移動と合わせて、上から前方へ打ち下ろす。**右人差指は目の高さ**に。左手は**左少海**が丹田の**左衝門**と合うように意識する。体を立身中正に保ち、傾かないように気をつける。視線は右手指先の前方に。

弓箭式から四六歩へ。両手を左血海に合わせつつ、右足を寄せ、虚歩に。

左右労宮

左血海

雲門

右血海

1

2

3

4

168

左丹田線

百会

左こめかみ

6

虚歩のまま両手を大きく上
に回し、こめかみ、百会を
経て顔の正面へ。動きに合
わせて左足虚に。

5

7

右丹田線

左衝門

8

9

66「単鞭」

<ruby>単鞭<rt>たんべん</rt></ruby>

<u>1</u>～<u>7</u>　**右丹田線**の体勢から両手を胸に抱くように、**右手指先**と**右胸の雲門**を合わせる。そのまま右手を鉤手にして、左手を添えるようにして、右方に肩の高さで伸ばしていく。**右丹田線**を意識しながら、左足を後方にかかとから伸ばしていく。視線は右手前方を見る。

<u>8</u>～<u>9</u>　体軸を保ち、右足の重心を左足に移しながら、**左人差指を右こめかみ**から**左こめかみ**に合わせ出していく。沈肩墜肘に注意し、指先は目の高さで前方を見る。

右丹田線

右足実の虚歩のまま、
右手を雲門に回し合わ
せ、右方向へ伸ばしな
がら、

右雲門

1

2

3

4

170

右こめかみ　左こめかみ

左手は顔前へ。

7

左足を伸ばし、

6

5

左丹田線

左手の動きに合わせて、右足実の虚歩から弓箭式に変わる。

8

9

67「雲手」

<ruby>雲手<rt>うんしゅ</rt></ruby>

<u>1</u>　右足を寄せながら、**右手労宮**と**左膝血海**を合わせる。

<u>2〜3</u>　**右手先**を上昇させて、**左こめかみ**から**右こめかみ**に合わせ、同時に**左手労宮**を**左陽関**に合わせるように下ろす。**右丹田線**で立ち、視線は右方向先を見る。

<u>4</u>　重心はそのまま右足に。左足を左方に伸ばす。右手を下方に、左手を上方に回すように、**左手人差指**と**右少海**を合わせながら、そのまま両腕を回し馬歩になる。この時はまだ**右丹田線**を維持している感覚。右人差指が目の高さに。沈肩墜肘に注意。

<u>5〜6</u>　重心を徐々に左に移しながら、**左人差指**が**右こめかみ**を、**右労宮**が**左膝外側の陽関**を通るようにする。

<u>7</u>　さらにそのまま重心を左足に移し、**右労宮**を**左血海**と合わせ、左手は**左肘少海**を意識し沈肩墜肘に注意する。視線は左方に指先を通して遠くを見るような感じ。**右手**と**左少海**を合わせる。右足先は軽く着地させ虚歩になる。

右丹田線　　左こめかみ　　右こめかみ

右労宮・左少海

左人差指・右少海

左労宮・左陽関

1

左丹田線

4

腕の動きに合わせて、
左足虚歩から四六歩、
再び左足虚歩になる。

2　　　**3**

右労宮・左少海

5　　　**6**　　　**7**

172

68「高探馬」
こうたんま

<u>1〜6</u>　右足を後ろにやりながら、右手を下から後方に回す

<u>7〜8</u>　回してきた右の**労宮**と**右耳**を合わせる。左手は前方から下へ、**左腰横**に**左小指側**を合わせるようにする。手の平は前方に、指先は下方に向く。右手は掌を前方に打ち出し、**右肘少海**と**左膝血海**を合わせる。指先は目の高さ。三尖相照、**右丹田線**の立身中正に注意。

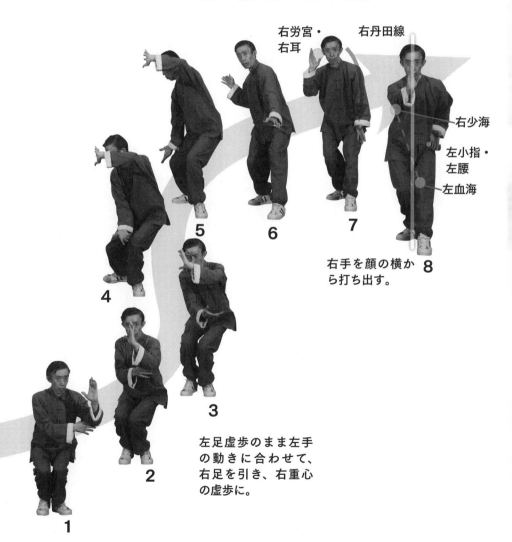

右労宮・
右耳

右丹田線

→右少海

左小指・
左腰

→左血海

右手を顔の横から打ち出す。

8

7

6

5

4

3

2

1

左足虚歩のまま左手の動きに合わせて、右足を引き、右重心の虚歩に。

69「十字擺脚」
<ruby>十<rt>じゅう</rt>字<rt>じ</rt>擺<rt>はい</rt>脚<rt>きゃく</rt></ruby>

<u>1〜3</u>　左手を下から右手に合わせる。

<u>4</u>　左足をやや左斜め前に出し重心を左足に移動し**左丹田線立ち**の弓箭式になりながら、両手を外側に向けて受けるように押し出す。視線は両手先の方向。

<u>5〜6</u>　右足を寄せ擺脚を行う。

左丹田線

左右の手を体の正面で
合わせ、上に差し上げ
つつ左足弓箭式に。

1

2

3

4

5

左足に寄せた右足で擺脚。

6

70「指当捶」

<ruby>指当捶<rt>し とう すい</rt></ruby>

<u>1～3</u>　擺脚をした後、右足を踏み下ろすと同時に後ろに向きながら左膝を高く上げ、左手でその膝を内側から払う。右手は拳にして右耳に合わせる。

<u>4</u>　通常、肘が上がるということは戒められているが、この時には胸を拡げるようにして、肘を左手と対象線の右肩斜め上方へ引き上げるようにする。

<u>5</u>　左足を踏み下ろし、馬歩になりながら右拳を打ち下ろす。左手は手の平を右に向け上体を守るように、**左労宮**と**右衝門**を合わせるように受ける。上体は前かがみにならないように。視線は首が垂れないように注意しながら、下方を見るようにする。

右肩

左肘

3

足を下ろしつつ180度
転換、馬歩になる。

4

2

5

1

左労宮・
右衝門

5'

71 「抱虎帰山」
ほう こ き ざん

<u>1〜3</u>　右手を回し上げ、左手と共に右方へ差し出す。
重心も右足に。

<u>4〜6</u>　**両腕を右方から右足血海**に引き落としなが
ら、左足に重心を乗せ、さらに両手を**左血海**を経由し、
左方から上へ上げていく。**左足は丹田線立ち**になり、
上体が傾かないように注意する。視線は左手のやや先
を見る。

<u>7〜9</u>　そのまま両手を上へ**こめかみ**から前頭部へと
合わせながら、右方へ両掌を打ち出す。重心は右足に
移動、**右丹田線立ち**に。左足は寄せ、虚歩に。視線は
右方に遠くを見るように。

**※これ以降 77「転身双擺脚」まで、実際の
動線では背面向きになりますが、ここでは
正面向きで紹介しています。**
てんしんそうはいきゃく

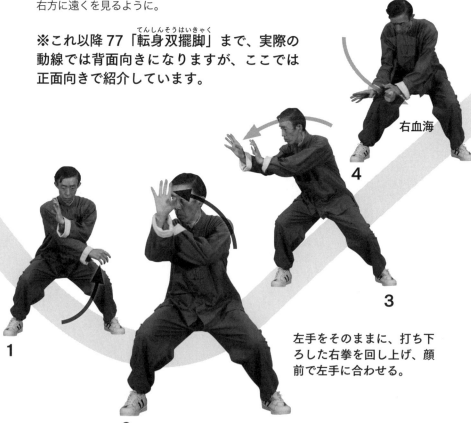

右血海

4

3

左手をそのままに、打ち下
ろした右拳を回し上げ、顔
前で左手に合わせる。

1

2

左丹田線

左こめかみ

左血海

6

7

両手の動きに合わせて、左足実の虚歩へ。そのまま手の動きに合わせて右足実の虚歩へ変わる。

5

8

右丹田線

9

177

72 「単鞭」

たんぺん

<u>1～5</u>　**右手**を鉤手にして内回しにしながら右方へ、同時に左足を左方に伸ばし足、腰、背、腕を繋げる。

<u>6</u>　右足にある丹田線の重心を左足に移しながら、左大腿部、左腰、左背、左腕を連携させながら左方に展開していく。

<u>7～8</u>　**左手**は指先が**右こめかみ**から前髪生え際に沿って左方に向かう。左肘は落とし**少海**と**膝血海**を上下で合わせる。指先は目の高さ。右手は鉤手のまま、後方に伸びていくようにイメージする。

右手指先を右雲門に
合わせて右方向へ。

右丹田線

右こめかみ

1

2

3

4

5

6

左丹田線

7

左手の動きに合わせ
て弓箭式に。

8

左少海・
左血海

178

73 「揪地竜」
しゅう ち りゅう

<u>1</u>～<u>5</u>　重心を右足に移し朴腿式になりながら、**左手を陽拳**（手の平側上向き）にして**左衝門**に合わせ、**右拳を右こめかみ**に合わせる。<u>3</u>で鉤手から陽拳になる際に視線を向ける。これにより重心が右に移動する。

右拳・
右こめかみ

5

左右の手を上下に回しつつ朴腿式に。しっかり右足重心になる。

左拳・
左衝門

4

3

2

1

6　左拳をそのまま右衝門に、右拳を眉間から左前方に向けていく。

7～10　体を左方に向けて徐々に重心を左足に戻しながら、左拳を右雲門から鼻先へ、右拳は左雲門→左衝門→右血海→右かかとへ合わせていく。左丹田線立ち、視線は体前方を見る。意識は右かかと先へ。

6

左拳・
右雲門

7

右拳・
左雲門

8

左右の手を体の正面で
上下にすり合わせつつ
弓箭式になる。

右血海

9

左丹田線

右かかと

10

74「上歩七星」
<ruby>上<rt>じょう</rt></ruby><ruby>歩<rt>ほ</rt></ruby><ruby>七<rt>しち</rt></ruby><ruby>星<rt>せい</rt></ruby>

__1～4__　左足軸をそのまま保ちながら、右足を前に出し馬歩の姿勢になる。この右足を出す時に、**右拳を返しながら右環跳→右衝門→鼻先**と合わせていく。沈肩墜肘に注意し、へっぴり腰にならないように。

__5～6__　その姿勢のまま手首を支点に左右の拳を回し、**右拳を内側に、左拳を外側**にする。

__7__　両拳を掌にして、左右それぞれ**左右雲門、左右少海**とを**両手首**と繋げ前方に打ち出す。この時、馬歩の姿勢のまま、重心を右足に乗せながら行うのも良い。

雲門

手首

少海

両手を下から一回転させつつ拳から開き、顔前に打ち出す。

7

6

右手を内に捻りながら、右環跳から右衝門を経て顔前で交差させる。

5

右足を寄せ馬歩になる。

右衝門

4

右環跳

3

2

1

75「下歩跨虎」
げ ほ こ こ

<u>1</u>～<u>2</u>　左足を軸に馬歩のまま、右足を後ろに引くようにして右方を向く。同時に両膝外側を同じ側の手で払う。

<u>3</u>～<u>5</u>　その姿勢のまま上を見るように、**右手労宮**と**右耳**を合わせながら指先を後方へ突き出す。同時に左手は鉤手にして、下方から指先を後ろへ出す。

右足を後ろに引き
90度転換。左右
の手を開く。

右労宮・
右耳

1

2

3

右手の動きに合わ
せて上を仰ぎ見る。

4

5

182

76「閃通背」

1 すかさず左足を見るように上体を前に倒す。左手は鉤手のまま上体の動きに合わせて後ろ上方に向ける。同時に、右手甲を左足の甲と合わせるようにする。視線はその左足へ、意識は左鉤手に。

右手甲を左足甲に合わせるように体を倒す。左鉤手を意識することで前に体を潰さない。

1'

右手甲・
左足甲

1

77 「転身双擺脚」
てんしんそうはいきゃく

<u>1〜3</u>　体を起こしながら、右足を軸に体を180度反転させる。この時、後ろからの敵の攻撃を想定し、右人差指を目の動きに合わせて、手の平を顔に向けながら右手親指側の内腕で受けるようにする。

<u>4〜5</u>　左足を斜め前に踏み出しながら、**左丹田線**を立て、両手を開いて右上方向に受ける。この時、**右人差指先は右こめかみ**に、左手は人差指先が右人差指を追うようにする。

<u>6</u>　そのままの姿勢から右足で擺脚を行う。

1

右手を内回転で右方向に差し上げながら右へ転回、

2

右人差し指を意識することで視界を広くする。

3

両手の間に割り入る
ように擺脚。

右人差指・
右こめかみ

左丹田線

6"

6'

左足を回し180度転換。
両手は顔前に捧げ上げ、

5'

5

4

78「当頭砲」

<ruby>当頭砲<rt>とうとうほう</rt></ruby>

<u>1〜2</u>　擺脚した右足を**両手労宮**とともに**丹田**から**右血海**へと下ろしながら、重心を右足に。

<u>3</u>　そのまま四六式になりながら、**両手を陽拳**（手の平が上）にしながら**丹田前**で合わせる。体が傾かないように立身中正に注意する。**両衝門**と**両血海**がアーチ状に繋がっているようにイメージすると良い。

<u>4</u>　重心を左前足に戻し弓箭式になりながら、**左労宮を右雲門→右こめかみ**と通し、胸前で腕外側を前面に出す。肘先は左に向く。**右拳**は小指側拳眼（人差指と親指で作った指の輪）を左腕内側の**郄門**（げきもん）に合わせる。視線は両手の動きに従う。

※これ以降 80「収式」まで元の動線に戻ります。

<ruby>収式<rt>しゅうしき</rt></ruby>

労宮・
右血海

郄門

血海

1

2

右足の動きに合わせて、
四六歩へ。

3

右拳を左腕の郄門に合わせながら弓箭式に。

4

186

79「金剛搗碓」

<ruby>金剛搗碓<rt>こんごうとうたい</rt></ruby>

<u>1〜2</u>　両手を開いて前方に差し出す。相手の腕を後方へ引き付けるように、**両手労宮**と**額**を合わせながら重心を後ろの右足に移していく。

<u>3〜4</u>　両手を下に回しながら腰も下ろし、**両手労宮**を**右衝門**に合わせ、四六歩の姿勢を深く落とすようにする。上体は真っ直ぐ立てるように。視線は両手の動きに従う。肘は浮き上がらないように沈肩墜肘に注意する。

<u>5</u>　重心を前に移しながら**両手労宮**を順に**左膝血海**に合わせる。

<u>6〜7</u>　左足に重心を完全に移して独立式（片足立ち）になり、右拳と右膝を同時に打ち上げる。また同時に左手の平を下に向け、**左労宮**と**左血海**を合わせるようにする。
<u>8</u>　その左手を上に向け、右拳をそこへ打ち下ろしながら、右足を踏み下ろし馬歩になる。

両手労宮・額

両手の動きに合わせて、左足実の虚歩に。

左労宮・左血海

両手労宮・右衝門

右血海

右拳を打ち下ろし馬歩になる。

1　2　3　4　5　6　7　8

80 「収式」
しゅうしき

<u>1</u>　両手の平を上に向け、息を吸いながら上体ごと上げていく。この時、膝の**血海**を丹田脇の**衝門**に上げる気持ちで行う。足先を前方に向け、重心は**両足拇指丘**の間に。虚領頂勁を意識し、首が前に折れないように注意する。

<u>2～3</u>　徐々に両手を脇に開き、手の平を下に向けながら、今度は逆に**衝門**を**血海**に下ろすように意識して上体を立てる。

<u>4</u>　両膝を緩め腰を下ろしていく。体が傾いたりしないよう注意する。

衝門

血海

1

拇指丘

手を体の中心を通
して引き上げつつ
体を起こし、

2

3

両手を左右に開き
つつ膝をゆるめ、

4

188

<u>5〜6</u>　そのままの姿勢を保ちながら重心を右足拇指丘に乗せていき、左足を右足に寄せる。足先は軽く地に付けて虚歩にする。

<u>7</u>　重心を左足、右足と交互に移すようにして、息を吸いながら上体を上げていく。

<u>8</u>　上体をゆったりさせて収める。

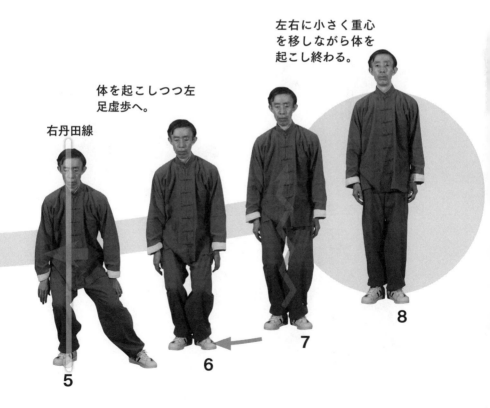

体を起こしつつ左足虚歩へ。

右丹田線

左右に小さく重心を移しながら体を起こし終わる。

5

6

7

8

「単鞭」の用法例

<u>1〜2</u>　相手の上段突きを右手で抑え、

<u>3〜5</u>　続く右の突きを捌きながら肩から接近。
踏み込んだ右足を、後ろから相手の股の間に入れ
る。

<u>6</u>　自分の膝で相手の後退を封じつつ、相手の右
脇を下から肩と腕で攻め崩す。

演武協力・本田俊郎

「如封似閉」の用法例

1～3 相手の蹴り足に自分の左足を合わせて、前に引っ掛けて落とす。

4～5 左手で相手の突こうとする手を引き落としつつ、右手を後頭部に差し入れる。

6～7 左手を引きつつ、右手で後頭部を抑え、左足元に引き倒す。

「斜行単鞭」の用法例

<u>1～3</u>　相手の右突きを斜めに入りつつ右手で受ける。

<u>4</u>　受けた手の位置をそのまま、半身を切りつつ接近。

<u>5～6</u>　深く左足を進め、馬歩になりながら相手の右脇下から手を入れ、回し倒す。

「閃通背」の用法例

<u>1</u>〜<u>3</u>　相手の蹴り足に合わせて足を出し、引き込む。

<u>4</u>〜<u>5</u>　右突きを捌きならが180度回転、背中を背中を相手に密着させる。

<u>6</u>〜<u>8</u>　右手虎口で手首を引っ掛けるように取りながら、左手を股間に差し入れ、お辞儀をするように相手を投げる。

ツボを合わせようと無理をしない

　本書に書いてある通り、套路のなかで全てのツボを厳密に合わせることは
かなり難しいでしょう。実は書いている私も、全部厳密にできているかと言
えば自信がありません（笑）。また読んでいる方も、体格・体質は様々だと
思いますので、無理に合わせる必要はありません。「月刊秘伝」の連載時にも、
「ツボを合わせようとして、かえって動きがおかしくなるのですがどうすれ
ば良いのですか？」という問い合わせがありましたが、「意識さえしていれば、
無理はしなくていいですよ」と答えていました。

　実際、中国で行われているツボを使った指導法では、「合わせる」とは言
わず「労宮で血海を“探す”」という言い方をしています。ですから皆さん
も無理に労宮や指先で触れたり、合わせたりせず、“探して”みてください。

　大事なのは動きのなかでツボを意識することで、体の各部位が関連性を持
ち、力が通る“勁道”が開き、微妙な緊張感が生まれることにあります。そ
の適度な緊張感が、武術に必要な感覚なのです。

　本書を読む人のなかには、既に陳式や他の太極拳の套路を知っている方も
いるでしょう。そうした人は、いつもの稽古のなかで本書にあるツボを意識
してみてください。最初は「今日は雲門」「今日は衝門」と、ひとつ意識す
るツボを決めても良いでしょう。慣れた動きにも新しい発見があるはずです。

　逆に本書で太極拳を学ぼうという人は、一つ一つの動作をゆっくり丁寧に
覚えていってください。最初はあまりツボの位置を気にしなくても大丈夫で
す。丹田（重心）の動きを感じて動くことから始めて、動きを覚えたら、ツ
ボを徐々に意識してみてください。顔の前を払う指先とこめかみ、宙で繋が
る肘の少海と膝の血海など、慣れるにしたがってツボの感覚が濃く、明確に
なってくるはずです。

　ただしツボに注意しすぎるのも良くありません。あくまでも丹田と丹田線
が主体です。ツボはその動きや力を全身に行き渡らせるための目印です。

　また本書に書いた以外にも、たくさんのツボの繋がりがあります。本書を
読んだ方には、是非、自分だけのツボの活用法を見つけてほしいと思います。

第3章

竹井式太極拳理論

編者による補記

本稿について

　本稿は著者・竹井正己氏の遺された原稿を補完するものとして、氏の遺された メモや編者の取材ノートと記憶、雑誌「秘伝」の記事などを参考に本書を理解するための補記として執筆されたものである。

　できる限り竹井氏の理論に沿ったものを目指したが、編者の理解不足からくる誤解もあると思う。その点についてはお詫びするとともに、予めご了解の上お読みいただければと思う。

力の源泉・丹田

　本書の著者である竹井氏の太極拳理論を突き詰めれば、「力の源泉である丹田を養い、ツボを意識してこれ動かす」ということになるだろう。

　丹田という言葉は日本武道・身体法ではよく使われる単語だが、そのイメージするところは人によって異なる。本書で竹井氏の言う丹田は、位置的にはへそから三寸ほど下、ツボ・衝門の間に挟まれる位置に存在し、球体的であり時には歯車的に体を動かすというもので、その時々にイメージを変える。

　丹田に限らず、こうした身体感覚については個人差もあり、つまるところ「それを感じられる身体に至って初めてわかること」であるため、初心者にとっては難しいところだ。そうしたこともあり、竹井氏は「初心のうちは "丹田 = 重心 " という感じで構いません」と説明されていた。

　その上で竹井氏のイメージする丹田は、「体を水に満たされた水袋として、そのなかを自由に移動する球状の重心」と言えるだろう。

　竹井氏は太極拳の套路について、

「太極拳の套路は非常に良くできていて、最初はその場の動きで、体のなかを丹田が転がる感覚を養い、次に丹田で移動するという段階的な体系になっている」

　と語っている。

馬歩で丹田を養う

　竹井理論の特徴の一つは、この丹田を養うために馬歩を重要視していたことだ。

　低い姿勢を保つ馬歩は、それ自体が肉体的な鍛錬であると同時に、体の正面方向に対する意識を明確化するとともに、軸性と丹田の養成になる基本とされていた。

　姿勢については高くても低くても良く、それぞれに役割があるというお考えで、高い場合は周囲の空間に対して意識を開き、低い場合にはより前方への意識が強くなるとされていた。基本的には低く始め、疲れたら高くし、足りないと思ったらさらに低くする、というもので、その都度都度に自分の体力に応じて、体と感覚を確認しながら無理せず行うことを推奨されていた。

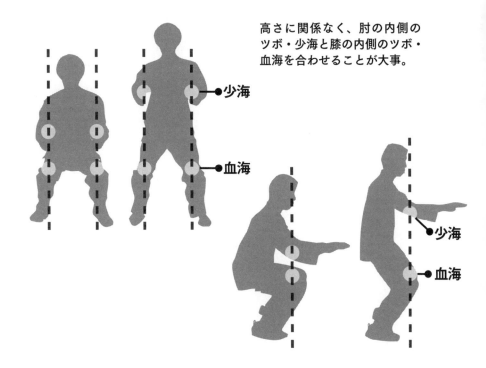

高さに関係なく、肘の内側の
ツボ・少海と膝の内側のツボ・
血海を合わせることが大事。

●少海

●血海

●少海

●血海

取材の際に「意拳や太気拳の站椿(たんとう)に似ていますね」とお話ししたところ、それを認めつつも、初心者にはある程度、体に負荷をかける馬歩の方が、それに耐えるために丹田や軸、膝のツボ・血海への意識が持ち易いため良い、というお返事だったことを覚えている。

　また、日常生活でどうしても上体に上がりがちな気を落としつつ、自分の正面にまとめるという点からも、構造的に馬歩の方が良いとお考えだったのだろう。

　取材にも、

「最初のうちは無理をしないで構いません。むしろツボを意識した体の繋がりで自然にできる位置を見つけることがポイントです。（中略）丹田から血海を通って前に向かって力が流れるイメージと感覚を養います」

　と答えられている。

　また、鼠蹊部の衝門（左右）と尻の環跳（左右）の四点のツボを意識し、この四つのツボに囲まれたエリアのなかで、丹田を自由に転がせるようになるのが理想だという（29頁図参照）。この丹田の転がりが動きの源泉となるわけだ。無論、最初からわかるわけがない。そこで目安になるのが重心だ。まずは自分のなかの重心を見つけ、その揺らぎを追い、慣れてきたら腰の操作で重心をコントロールする。これを続けるうちに段々と熱い球のような感覚が生まれるという。

　腰の動きも最初は外から見てもわかるくらいの動きから、次第に外側からはわからなくなり、最終的にはイメージで操作できるようになることを目指すとされていた。

　緩急自在に転がり、大きくも小さくも、圧縮させ爆発させることもできる球。それが竹井氏の言う丹田だろう。

丹田線と血海

丹田を十全に働かせる為には、丹田線の垂直性を保つ必要がある。具体的には、頭の鉛直線上に丹田があるのが原則となる。この位置関係がずれるとバランスが崩れ、丹田の感覚が希薄になり、適切な位置にあると丹田の感覚が充実し、馬歩をしていても膝への負担が変わる。

この垂直の関係を維持しつつ、動きや威力を出すための鍵が血海だ。丹田線が膝の血海から前へと流れていく感覚を養うことで、垂直方向の力をロスなく水平方向の移動へと転換させる（42 頁参照）。

血海から出る丹田線の感覚は、前後左右の移動はもちろん、蹴りや突きの際にも有効だ。膝は腰と地面を繋ぐ重要な部位であるにもかかわらず、意外に使い方を意識することは少ない。その反面、"気が付いた時には痛めていた"という人も少なくないだろう。しかし、竹井氏は血海のツボを意識することで、膝の過度な踏ん張りを防ぐとともに、移動と威力にする方法を示したと言える。

この丹田線・丹田・血海の関係を学ぶためには、馬歩と第1章で紹介した準備体操・歩法を繰り返す必要があるだろう（30 頁参照）。また、頭と丹田の位置関係については古参弟子の方にもお話を伺っている（215 頁）。

丹田を貫く丹田線を維持するためには、丹田と頭の位置関係を常に調節する必要がある。イメージとしては、棒を手の平に立てる遊び「バランス棒」の感覚に近い。この時、手の平に感じている重さや、調節する力が体を動かす力となる。

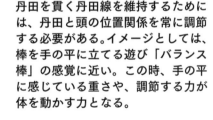

血海

突き蹴りでも、血海から出る丹田線の感覚があると、威力・安定度が変わる。

馬歩が作る三角形

　竹井氏は、馬歩を通じて、正面への意識を高めることの重要さについても、

「太極拳がフワフワしているように見えるのは、全方向に対して感覚を向けているからで、非常に高度なことをやっているわけです。ただそれだけに初期の段階からできることではありません（中略）。まず正面に対して体をまとめることで、攻防の基本となる感覚を持つ。これがないと守るも攻めるも漠然として曖昧なものになってしまうわけです」

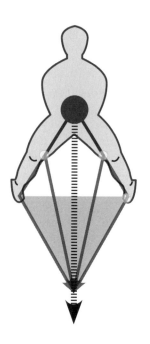

と述べている。ここで言う正面とは、丹田線が膝の血海を経由し、足先から体の正面で交わった三角形のエリアを指す。この空間に相手を入れて、押す、引く、ズラす、引き込む、潰すなどの手段で制するわけだ。逆に言えば、自分は相手のこのエリアに入らないことが重要となる。

　またこの三角形の頂点を意識することが、体の中心性・軸性の養成にも繋がっている。

　ちなみに竹井氏自身は中国武術の習得方法として、まず蟷螂拳を学ぶことが理想的だと仰っていた。理由はここでも登場している、三角形の構造が技術的に最もわかりやすく繋がっており、武術としてのエッセンスを学ぶのに適しているからだという。竹井氏自身、師・松田隆智氏から最初に学んだのは蟷螂拳だった。

ツボについて

　太極拳とツボとの関係について記された本は、中国大陸には数多く存在し、竹井氏のツボ理論もこうしたものを参考にされている。ただ、そのまま

というわけではなく、自身の経験を加味し、太極拳の套路を行う上で必要なツボに絞られており、4年ほどの時間をかけて練り上げられたという。

こうしたツボはそれぞれに陰・陽・中立に分けられ、套路を行う際の指針になるのはもちろん、体の内側を繋げ、攻防の際の指標にもなっている。

ツボの陰陽

竹井氏が指導で使われていたツボは20ほどで、手の平の労宮と頭頂の百会を除けば、それぞれに陰陽がある。動きの際にはこれらを陰から陽へ、陽から陰へと関連づけられていた。

ツボの陰陽は、体の外側に位置するものを陽、内側に位置するものを陰としている。その組み合わせは、套路のそれぞれの動きに無数に存在しており、その一つ一つを示していくとあまりにも煩雑な為、本書では動きの指針となるツボを示すにとどめている。

竹井氏自身も「あまり神経質になるとかえっておかしくなる」と仰っており、線上に厳密に合わせるのではなく、意識をツボに置いておくことを大事にされていた。あるいは動きのなかで自然発生的にあるべきものと考えていたのかもしれない。

ただ取材に対して、

「陰陽のツボも意識して引き寄せる場合と、逆に引き離す2種類あることが大事です。実はこの伸びながら縮み、縮みながら伸びるという部分が、太極拳の重要な要素です。"陰陽"というのは太極拳の重要な要素ですが、それはこの矛盾したことを同時に行っているからでしょう。またここに虚実があるのです」

と答えており、ツボの陰陽の関係が太極拳の動作中にある、ある種緊密した、持続し続ける力を生み出す源泉として作用していることが伺える。この辺りは実践者による今後の研究と発見に期待したい。

馬歩においてのツボの陰陽については、平行に存在する陰のツボを結ぶこ

とで体の傾きや水平性を確認するとされており、この辺りはボディワークの
ロルフィングなどでいわれる隔膜構造とも似たイメージで興味深い。

　また、ツボの陰陽は攻防においても重要なポイントになるという。
　具体的には陰のツボが急所となり、ここを陽あるいは中立のツボで攻める
ことになる。
　人間が真っ直ぐに立った時に、陰になる部分を攻めるというのは、武術で
はよく伝えられているところであり、空手の剛柔流などでは「日焼けしない
場所を攻める」と教えられている。
　竹井氏はこうしたことを推手のなかで意識して行うことを勧めており、そ
の目的について、

短棒を使ったツボの感じ方　その1

ツボを明確に意識するのに竹井氏が勧められていたのが、短棒を
使った方法だ。30センチほどの短棒を両手で平行に握り、雲門か
ら、衝門、血海までを転がすようになぞり、気を下ろす。
衝門から血海までは、自然体から馬歩になりつつ、棒を押し出
すようにして合わせる。

「推手にも色々な目的がありますが、ここでもツボを意識して行うことでより明確な稽古ができます。例えば推す時に、手の平の労宮（中立のツボ）で相手の淵腋（陰のツボ）を意識して攻め、受け流す方はこれを肩の陽のツボ・肩髃に受け流すといった具合です。この時、陰から陽へ受け変えることができないと崩されてしまうわけです」

と語られている。推手についてはその一部を 204 頁から紹介している。

ツボの陰陽

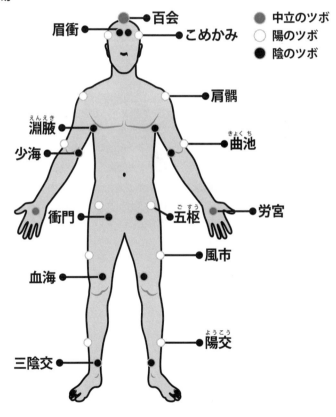

竹井式で示された陰陽のツボ

ツボの陰陽を意識した推手

手を合わせた姿勢から。

相手が陰のツボ・淵腋
を攻める。

これを左の陽のツボ・
肩髃で受け流し、

相手の陰のツボ・淵腋
を攻め崩す。

ツボの陰陽を意識した推手の一例。
衝門→五枢、血海→風市、など他の
場所でも同じことができる。

演武協力・小澤大輔

胸のツボを意識した動き

肩髃

肩髃

一人で行った例。丹田線をしっかり
立てたまま、丹田を動かし行う。

短棒を使った推手 1

竹井氏が推奨していた短棒を使った推手。徒手に比べて狙いが明確になる為、攻防の要素がわかりやすくなる。淵腋・肩髃、衝門・五枢、血海・風市と高さを変えて行う。慣れてきたら高さをランダムに変えて行う。

短棒を使った推手 2

血海

相手の陰のツボを狙って相手を崩す
稽古。手首を極めようとするのでは
なく、体のツボを狙って行う。
ここでは、血海から淵腋へと、上下
の変化で崩している。

淵腋

短棒を使った推手 3

血海から肘の少海で極め崩した例。

少海

血海

短棒を使ったツボの感じ方　その2

短棒を右雲門と右衝門を結ぶように縦に当て、弓歩から馬歩になりつつ、左衝門へと移動させ、馬歩での突きの形になる。

右雲門
右衝門
左衝門

棒の構え方

竹井氏は棒を使った稽古法
も考案されていた。ここで
はその一部を紹介する。

棒を握って持つのではなく、手
の平の労宮と虎口（親指と人差
し指の間）で挟んで持つ。

棒を握らないことで、相手の
棒にぶつかることなく操作で
きる。棒を握るとぶつかって
しまう。

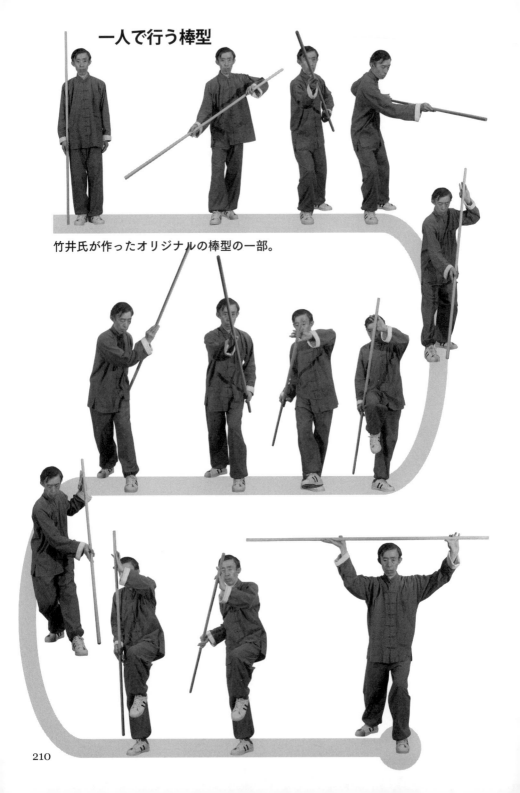

一人で行う棒型

竹井氏が作ったオリジナルの棒型の一部。

二人で行う棒推手

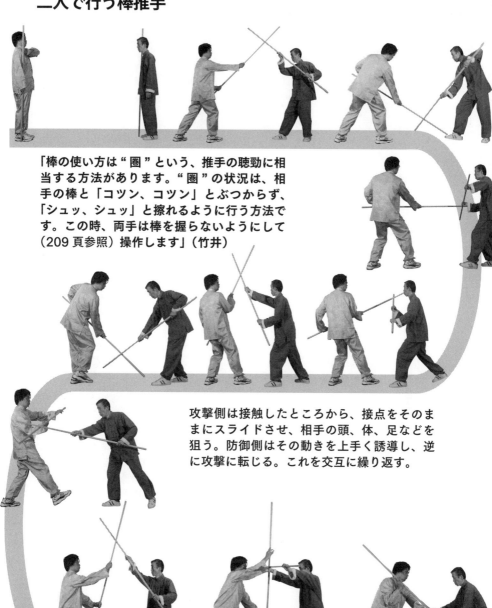

「棒の使い方は"圏"という、推手の聴勁に相当する方法があります。"圏"の状況は、相手の棒と「コツン、コツン」とぶつからず、「シュッ、シュッ」と擦れるように行う方法です。この時、両手は棒を握らないようにして（209頁参照）操作します」（竹井）

攻撃側は接触したところから、接点をそのままにスライドさせ、相手の頭、体、足などを狙う。防御側はその動きを上手く誘導し、逆に攻撃に転じる。これを交互に繰り返す。

推手練習　棒（棍）での応用

「推手練習は太極拳練習においては、必要不可欠のものであります。練習法は、流派・団体により、それぞれのやり方があります。若い人が多いところでは、力相撲のようなやり方、年配の人が多いところでは、

伝統的な楊式のやり方で、全く力みのない方法で行う
こともあります。推手の練習はこれまでも色々なもの
が紹介されています。せっかくの紙面に一般的な推手
方法を載せるのも勿体無いので、ここでは棒（棍）を
使った練習方法を紹介しています。」（竹井）

脱力を解く鍵・ツボ

　太極拳を学ぶうちに、套路は綺麗にできるようなったが、そこにあるべき力がないということが往々にしてある。竹井氏はこうした弟子の指導で色々工夫をしたが、なかなか上手くいかず悩んだそうだ。

　そうしたなかで、対人稽古の際に、ふとツボを意識して動いてみたところ、相手に深い力を伝えられ威力が出ることに気が付いたという。そこで当時、健康目的で道場に通っていた年配の女性に、ツボの位置を説明したうえで「○○のツボを意識して」と指導すると、それまでとは違い、力むことなく「理想的な脱力ができた状態」で力が出せたという。

　力学的に重要な関節や筋肉は意識がしやすく、意識すればするほど過緊張、過脱力してしまう。しかし「ツボ」はそうした箇所から少し離れており、ほとんどの場合「意識して」と言われても、ピンポイントでフォーカスすることは難しい。また関節ではないため直接動かすこともできない。その為無意識のうちに体の全体性を維持したまま動かすことになる。意識的にも力学的にもこの絶妙ポジションが重要になるわけだ。

　スポーツや武術、身体操作の世界では「脱力」の重要性が注目されて久しいが、なかなかそれを実現する最適解が見出せていない。竹井氏はその答えにツボという局面から光を当てたと言え、それは本書のテーマである太極拳という枠にとどまらない功績であると言えるだろう。実際、椅子から立つ、手を上げる、物を取る、歩く、走る、といった日常の動きも、ツボを意識することで楽になったり、伸びやかさが出るので試していただければと思う。

　ただ太極拳のなかで、こうしたツボの有効性を活かすためには、丹田と丹田線の充実が必要になるのは言うまでもない。竹井氏は太極拳の套路について、丹田を球のように転がす感覚を元に、

「極端なことを言えば、こうして生まれてきた体のなかの動き（編注：丹田の動き）を形にしたのが太極拳の套路と言えるでしょう。このなかの動きを外側の套路に結びつけるのに有効なのが、やはりツボなのです」

と語られていた。

古参弟子に訊く、竹井氏の太極拳と武術観

　本書の制作に際して、竹井氏の元で 30 年近く学んだお弟子さんの一人にお話を伺ったところ、「先生の太極拳は、八極拳、八卦掌、形意拳をミックスした、ご自身の武術の集大成だった」という印象を語っていただけた。

「竹井先生の理想は一発で相手を倒すこと。ですから太極拳と言っても、"捌いていなす"という感じではなく、相手の起こりを捉えて、先に制してしまうことを理想とされていました」

　その姿勢は本書の写真のなかにも現れていて、丹田と頭の位置がやや前にかかっているという。

「(頭の位置は)やはり常に"先に取る(前に出る)"という意識があるからでしょう。ですから体の後ろにある太極軸(28 頁参照)も大事にしつつ、ご自分は前側にある丹田線への意識が強かったですね。だから定規で線を引くと、頭と丹田が合ってないように見えるのですが、立身中正という勁は真っ直ぐ、垂直に繋がっているわけです」

　また竹井氏との散打(組手)を振り返り、

「先生は虚実分明の"虚"を突いてくるんです。だからゆっくりやってくれても見えない。稽古でも"動けばそこに虚実が生まれる。実戦では自分と相手の虚実をしっかり見分けられることが大事だ"と仰っていました」

と、その風景をお話しいただけた。

　多年に渡り指導を受けたなかで、晩年の竹井氏が特に拘ったのは"伸長勁"と呼ぶ勁だったという。

「竹井先生は常に"意識を使う、意識で相手を抑える、意識で浸透させる"ということをお話しされていました。先生はそれを目指すなかで、ツボの重要性に気がついたのだと思います。特に晩年に仰っていたのが"伸長勁"というもので、相手に接したところを支点に伸びてくる打ち方です。これは意識で自由に力の方向をコントロールしたり、長く効かせたり、短く爆発するな威力を出したりするもので、"これが面白いんだよ"と仰っていましたね」

　そして最後に、その武術に向かう姿勢について、こう結ばれた。

「強くなる為には立場を超えて、どんな武術、流派、あるいは一見武術とは関係ないようなことでも、真剣に向かい合ってくれる、懐の深い先生でした」

最後に

　今回、本書の編集作業を進めるにあたり、数年ぶりに竹井氏の原稿や関連資料を精読する機会をいただいた。

　冒頭の「本書について」に書いたように、本書制作にあたっては原則的には竹井氏が遺された原稿を元に、できるだけオリジナルの文意を損なわないように編集作業を行ったつもりだ。しかし、第1章に登場する各種の線やツボの名前など、原稿や付随したメモのなかでも表現方法や意味に揺れがあり、難解な部分が多く、こちらについては編者の方で、前後の文脈や理論的整合性に留意しつつ形を整えている。編者の理解不足により、必ずしも著者・竹井氏の意図通りでない部分もあることは否めず、この点については改めてお詫びしたい。第2章については、ほぼオリジナルのまま掲載している。また第4章に紹介しているメモについては、日付が入っていないものを含めて古い（1980〜1997年）ものが多く、その後の研究のなかで、新たな知見があったものも多いだろう。これらについては、その当時の竹井氏の修行と、思索を窺い知る資料として読んでいただければと思う。

　作業をするなかで、遺された原稿と資料を読むほどに、竹井氏が松田隆智氏から学んだ太極拳に、他武術の研究と自らの知見を加え、氏の理想とする「戦う技術」としての太極拳を研鑽し続けていたことがわかった。

　本書は、そうした成果をより多くの人が体現できる方法を真摯に研究されてた証であり、その成果の一端である。

　悔やまれるのは、これを竹井氏のご生前中に発表できなかったことであり、編者として自らの不明と力不足をただただお詫びするしかない。

　本書の発刊にあたっては、BABジャパン・東口敏郎様、大森悟様、本田俊郎様、獨協大学少林寺拳法部OB一同様、小澤大輔様、小松崎一也様、竹井能婦子様には大変お世話になりました。感謝いたします。

　最後に改めて、竹井正己先生のご冥福をお祈りいたします。

2020年　夏　編者　下村敦夫

第4章
資料編
コラム・メモ・写真

本章では著者が雑誌「月刊秘伝」に寄稿したコラム、記事とメモの一部と著者の写真を紹介します。

※年月日が記されていないものは、メモに日付が記されていないものです。

竹井正己コラム

日中武道家の体型が違う？

　昔の絵や写真でも、日本人の剣術家、相撲の力士は腹が突き出たどっしりとした体型が一般的だ。それに対し、中国武術の楊式太極拳で有名な楊澄甫、陳微明などの写真を見ると、胴体の周りが太く足が細い、ビアダル型の体型をしている。他にも同じような体型の人は多く見られる。

　大東流合気柔術の名人と言われた佐川幸義先生は、「中国人武術家のあの体型では合気はできない」というようなことを言っていたらしい。

　太極拳などの中国人武術家が、合気ができないかどうかはともかく、体型の違いは佐川先生も指摘している。その体型の違いはどこからくるのだろう？

　太極拳は身体の真ん中を軸とした中心線を、攻守の要として動作を行う。攻守一体、陰陽一如の、止まらない円転の動きで攻防を行うのを主旨とする。

　それに対し、日本武道の代表である剣道、あるいは相撲などは、腹で当たる、腹で打つというようなイメージで、丹田（腹）を前に出すように、相手に対応するところがある。

　時々言われることだが、昔から日本武道の場合は、畳の上で座る生活が、腹で座る、丹田で立ち上がるなどする為、自然と丹田が強化されてきた。また、日本剣術の構えが、重い刀を身体の前で、両手で支える姿勢を続けるので、自ずと丹田が強化され、腹が前に出てくるような感じになる。

　日本剣道の長い習慣は、明治以降も日本人の身体のなかに色濃く残り、生活にも反映されてきた。相撲のぶちかましなども、あの体当たり方法が、自ずと腹で当たる感じを作り出している。

　剣道や相撲は、稽古や試合を行う時に、互いにしゃがんで向き合う蹲踞の姿勢をとるが、この蹲踞という方法は、中国拳法でもほとんど聞かない、日本独自の姿勢といえる。

昔、蹲踞の姿勢が初めて考え出され行われた動機は、やはり“腹で立つ”という感覚が出せるからであったろう。ただ試合をするだけなら、立ったままそこから試合を始めれば良いと思うのだが、剣道にしろ、相撲にしろ、一度腰を下ろし、蹲踞の姿勢で対峙する。

　しゃがんだ姿勢だが、蹲踞は両足の拇指丘の上に腹（丹田）が乗った丹田線の状態なのだ。つまり、蹲踞の姿勢を行うことにより、自然と腹（丹田）を生かす状態になれるのである。

　体型の話に戻るが、中国の公園などで早朝、散歩や軽い運動をしている中年女性たちの体型も、どちらかというとビアダル型が多いように見える。歩いている時は両手を開いて両足の側面に置き、ゆったりと堂々と落ち着いた風で、気が降りているというような歩き方である。

　いかにも中国人という感じの歩き方だが、体型もそういうイメージになるから面白い。どちらかというと、中国人でも男性より女性の方に、ビアダル的体型を見ることができるようだ。所は変わるが、欧米人も太っている人はビアダル型に見える。足が長く、胴回り、尻が大きく、異星人かと圧倒されそうになることもある。やはり、よく言われるように、椅子に座る生活習慣が影響しているのであろう。

　最近は日本人も足が長くなり、欧米人のようになってきた。畳に胡座をかいたり、正座をしたりということが少なくなり、丹田を自覚しにくいように思われるが、それは日本人もビアダルタイプになっていくということだろうか。

（出典：月刊秘伝 2008 年 7 月号）

日本人には丹田が不可欠？

　太極拳の身体の使い方の要領に「勁は足と背の協調により発し、腰を主となす」という言葉がある。拳を出したり技を使ったりする時は、足、腰、背の協調を言い、丹田の方はあまり言わない。

　それではいま連載している「丹田主体のテーマとは何なのだ？」というこ

とになる。太極拳は武術と同時に健康法でもあるが、同じように養生法として中国に古くから伝わる「五禽の戯」は熊、鶴、鹿、虎、猿の五つの動物の動作を取り入れた健康法である。それぞれ歩く動作や仕草などから考案されたものである。

　熊では両前足でのしかかるような動作。鶴では羽を拡げた動作。鹿では角を突き出す動作を、虎では一撃で獲物を打ち倒す動作を、猿では猿独特の仕草（片手を額に当てて遠くを見る仕草、果物を献果する動作）などである。

　それぞれ特徴を活かしながら普段あまり使わない身体部位を刺激するのである。

　これらに共通する身体使用部は「足、腰、背」である。鶴以外の動物は四つ足で歩くことを基本としていて、たとえ二本足（後ろ足）で立つとしても、背中側の力（背筋など）を利用している。鶴の羽を広げる動作も胸でなく、背中側で羽ばたいている感じである。

「丹田をイメージさせる動物は？」と考えてみると、二本足で立つカンガルーなどもメスはお腹の袋で子育て、あるいはカンガルー同士の戦い方なども背中や尾を上手に活かしながらも、お腹で立っているように見えなくもない。

　類人猿のオランウータン、ゴリラになると、ほとんど丹田で立っているという感じだ。野生の動物も二本足で立つようになると、腹（丹田）で立つという感覚が必要になるのであろう。

　そういう風に考えてみると、完全に二本足で立つ人間には丹田がないという方が不自然なのではないかとさえ思えてくる。二本足で立つことは、人類にとって知恵を得ても、野性的な面を犠牲にしたのである。

　繰り返しになるが、身体構造から見て、野生動物は「足、腰、背」が主体であり、そういう意味でも太極拳の初めに挙げた要訣は、それを行う上で大切なことである。

　がしかし、二本足で立って行う太極拳にまず必要な要素は、立つために必要な丹田が備わっていることである。

　太極拳で大切な要訣の一つに「立身中正」がある。前から見ても横から見ても体は真っ直ぐに、体のなかに軸が一本立っている感覚だ。この「立身中正」とともに「気沈丹田」ということも言われる。気を丹田に沈めると解釈

されているが、二本足でしっかり立つ「立身中正」がなければ、丹田は確立されるとは言いにくい。しかし何もないところに、一本の棒（軸）を立てることは難しいことである。その棒を立てようとするには、棒の周りに支えるようなものを置かなければならない。身体でいえばそれが（前後の）腰、丹田、（左右の）両足である。

　前置きがかなり長くなってしまったが、しっかり立つためには、足、腰、背とともに丹田は必要不可欠なものである。

　前回のコラムでも少し触れたが、日本人の丹田感覚は畳での生活が大きかったように思われる。もちろん外国人のように、ほとんど丹田を感じさせなくとも不都合はないのだが……。

　日本人の場合は長い年月でむしろ丹田が本当は必要な体質になっていたのではないだろうか？　そのためにでもないが、基本として丹田意識が身につくようにしたいものである。

（出典：月刊秘伝 2008 年 9 月号）

松田先生のこと

　いま連載中のテーマ「丹田とツボ」に関して、初めてそれを実感できたのは松田先生（松田隆智老師）にその方法をご指導いただいてからである。もう 30 年以上も前のことだ。それまでも丹田の重要性は色々な書物で頭ではわかっているつもりでいたが、具体的にどのように体で感じとるのかはわからずにいた。「ヘソ下丹田部分に力を入れると感じるもの」と本などに書かれてはいたが、実感としての丹田を感じることは難しい状態であった。

　初心者はなかなか丹田の実感が湧いてこないが、しばらくの間（人により差があるが一ヶ月前後）ヘソ下丹田部分の「意識」を継続することで、次第に丹田を実感できるようになる。言葉で言うとなんでもない方法だが、意識を継続させるということの大切さを教えていただいた。

　エネルギーとして初めは希薄なものでも、意識を継続することにより、実感できるエネルギーに変えていくことができる。ちょうど太陽の光エネ

ギーを太陽電池などで、使えるエネルギーに変えるようなものである。

　もちろん丹田が意識できるようになっただけではエネルギーの有効的な使い方ができるということではない。そこからどのようにすれば、丹田を生かすことができるかが大事になる。

　松田先生の功夫（ゴンフー・威力としてのエネルギーの大きさ）は今更言うまでもないが、30年以上も前から相当な功夫を備えておられたことは確かである。そのエピソードを一つ。

　当時『男組』という劇画の連載が人気で、登場人物が使う「太極拳」「八極拳」についても関心が高まり、ちょっとしたブームになっていた。その原作者である雁屋哲氏が当時の練習場所である八王子の空手道場に訪ねてきた時のこと、拳法の技術的な用法の話になり、一枚写真を撮らせて欲しいとの要望で、松田先生は私に「突きを出した状態でしっかり立っているように」と言われたので、踏ん張るようにしていると、松田先生は腰を落とし、私のどこも掴まずに投げられた。

　太極拳の背折靠という技法で「ふんっ」という含み気合を発したと思ったら、私の体はその場で後ろ宙返り（バック転）して一回転してしまった。「あっ！」と思った時には、後ろ回転して屈むように立っていたのである。

　本当に一瞬という感じだった。どこも掴まれずに投げられた。それ以前に柔道の背負い投げなどで投げられた時は、天井がぐるんと廻るのが見えたのだが、この時は投げられて本当にびっくりした。

　当時の私は若さがあったので、飛んだり跳ねたり、家の近くの鉄柱に手と足裏で上がって（近所の親父に怒られたことも）とにかく自分なりに色々自分に合った鍛錬をしているつもりでいた。松田先生はそれをわかっておられたようで、叩きつけるように投げなければ、私が危なくないように立てると見ておられたようだ。

　別の機会に松田先生に散打稽古(組手)をお願いした時に、どういう手順か、打ち合いのなかでそのまま柔道の巴投げ（体を相手の下に入れ、足裏を相手

の腹に当てながら後方に投げる）で先生に投げられてしまった。5〜6メートル投げられたと思うのだが、この時も私が立てるように放り投げてくれた。この時の自分の感覚が不思議な気分だったのを今でも覚えているが、放り投げられても自分が立ったという快感（本当は先生が危なくないように投げたのだが）と共に、打ち合いのなかで自分が投げられるとは思ってもいなかったので、このことのショックも合わさり複雑な気分だった。

中国武術の修行者には荒っぽい指導をする人が意外と多く、技の説明の時でさえ相手に当てて、恐怖感を植え付けるような師範が少なくない。昔の稽古ならともかく、説明するのにそこまで荒っぽくする必要があるのかなという気もするが……。

松田先生のご指導は厳しいけど温かいというものでもある。決して意味もなく当てたりすることはない。しかし、実戦における心構えは常に説かれていて、それは先生の空論ではないというのは、先生との稽古によって実感でき、確実に自分のなかに備わってきたと思っている。

松田先生のエピソードは他にも思い出せばたくさん出てくる。そろそろ語らなければいけないと思うし、話していくべきだと思う。自分は今回のこのコラムのことは特にお許しをいただいている訳ではない。「余計なお世話だ」（先生の口癖でもある）と言われそうなので、敢えて私の一存である。

（出典：月刊秘伝 2008 年 11 月号）

O 氏との出会い

この「月刊秘伝」に掲載していただいているおかげで、数多くの人とご縁ができた。掲載のきっかけは、道場（武慧会）を開いたはいいが一年以上も誰も来ず、ほとんど一人で練習していた私を見かね、気づかってくれた大学の拳法部の後輩が「秘伝」編集部に掛け合ってくれたのがきっかけだ。

初めての掲載は自己紹介的な内容（2005 年 5 月号）であったが、この掲載をきっかけに幾多の新しい人との出会いができた。旧知の人とも再会と嬉しい限りである。その旧知の一人に大東流合気柔術の佐川幸義先生の愛弟子

であったO氏がいる。大学の拳法部で同期の岸本という長年の有志が、30年以上も前に佐川道場に入門を許され、それがO氏と岸本の付き合いを生み、そこから私とO氏との初めての出会いがあった。

当時はそれぞれ自分の道を歩んでいたが、先ほども書いたように「秘伝」に掲載していただいた記事のなかで、私と岸本との稽古の小さな写真が、O氏との30年ぶりの再会のきっかけになった。というのも放浪癖のある岸本が海外に行ったきりO氏に連絡がなく、O氏が気になっていたところ、この記事の写真が目にとまり、私のところに連絡してきたという次第である。

これがきっかけでO氏との技術交流が始まった。O氏は高校生の時に佐川先生に師事したが、当時はまだ少人数での稽古だったようだ。O氏の性格は実直だが、気概は人一倍という性格の人である。高校生という若年でもあり、佐川先生に可愛がられたと想像できる。O氏と私の稽古はO氏が佐川先生に技をかけられて体で覚えている感触、感覚を確認、再現するような形で行っている。

私の方は岸本が佐川道場入門一年ほどしてから、佐川道場での稽古の再確認のため、毎晩のように私の家に来て私に稽古の相手をさせた。夜遅くまでやるため、泊まっていくのもしょっちゅうであったが、私の方も家にいながら大東流の技術が学べるので、夜中まで手をとったり、掴んだり、ねじったりするのに付き合った。本音は"松田先生に教えていただいている中国武術の練習もしなくては"という思いもあり、半分しんどい気持ちでいたことも確かである。しかし今振り返ると、この時の岸本との稽古のおかげで、O氏との今の稽古も抵抗なくスムーズに進み、今も続いている。

佐川道場の縁で現在、O氏は松田先生（松田隆智老師）から直接、中国武術の教えを受けており、拳法的にも非常な技術を身につけ、上達ぶりを現している。元々、大東流での稽古により安定している足腰が、ますます強く逞しくなってきているのである。おかげで私も刺激を与えられ、自分の練習も、より意欲的になっていると感じている。

O氏との稽古を通じて思うことは、佐川先生の大東流の技術と、太極拳、八極拳などの中国武術が、非常に似た原理というより、同じ原理でできてお

り、説明できるのだとつくづく感じられることである。大東流の手首を持たれた時の、その手首の返しの動きと、太極拳の雲手の基本技法など。

　何より最も大切な基本姿勢における注意事項を、Ｏ氏が佐川先生に注意されてきたことが、中国武術における注意と全く同じであることがわかり、佐川先生の偉大さがこういうところからも伺うことができる。

　中国武術で言う「立身中正」「涵胸抜背」「沈肩墜肘」「虚実分明」「気沈丹田」「放鬆（ファンソン）」など、こうして言葉で言うと当たり前のことでも、Ｏ氏と身体、手足を触れ擦りあっていると、実感として佐川先生が現れているように感じられるのである。

　佐川先生の技量は遥かな高みにあっても、合気の技術はＯ氏に確実に受け継がれていると断言できる。日本武道の巨星、佐川幸義先生と中国武術の第一人者、松田隆智老師のお二人に師事しているＯ氏、ご本人は自分のより一層の向上を目指して、日々鍛錬に励んでおられる。

（出典：月刊秘伝 2009 年 1 月号）

夢のある現実を

　この「月刊秘伝」の最近の号に、危機が迫っている時の対応や、心構えを日常どのように対処するかなど、危機管理の特集があったが、実際いつどのようなことが身の回りに起きるかわからない。普段から備えの心構えが大事になる。

　ここでは見方を変えてその対処の仕方とは別に、現実に起こりうる、あり得るということは何か、あり得ない架空、空想の世界とはどのようなことかを見てみたい。

　というのも仕事柄、東京新宿に行くことが多いが、街中を歩いていると色々なことを感じる。他人にぶつかっても当たり前のように平気で歩いている若者、それが普通に見られる一般的な若者である。また、そのような若者同士がお互いにぶつかっても、お互いに全く気にしないという場面を見ることもある。そうかと思うと、こういう場面もあったりする。お互いに携帯をしながら歩いていて、互いの肩の辺りがぶつかった。すぐ近くで見ていたのだが、数秒してから一方の若者が"気が付いて"（？）怒ったように振り向いたの

である。しかし、他方は我関せずのように相変わらず、携帯のゲームを続け
て歩いていった。それでも何も起こらないのだが……。私の感覚から見ると、
どうもその二人の感覚が色々な意味でわかりにくい。

　20年ほど前には考えられなかったパソコンや携帯などの急速な普及、そ
れとともにゲームソフトも色々出てきた。といっても実際に自分でやってい
るわけではないので、偉そうに言えないのだが、ただ格闘系のゲームは横か
ら見ていて、現実の格闘とは全く別物だということだけは、誰が見てもわか
ると思うのだが、やっている本人達は結構真剣な様子なのだ。
　ゲームに集中しているから頭を使ってやっていると思っていたら、そうで
もないらしい。格闘ゲームに限らず、そうしたゲーム全般を遊んでいる時の
脳波を調べたら、脳波がほとんど動いていないというデータが出たらしい。
脳波が動かない、働いていないのに集中しているという状態だ。私などの頭
では理解しにくい状態である。
　物事に集中する時に脳波が働いていない状態と言うのは、武術的に言うと
真剣勝負で相手と向かい合っている状態にも似ているような感じもする。真
剣勝負で相手と向かい合っている時に、あれこれ頭を使っているようでは相
手に集中できない。無念無想などという言葉もあるように、何も考えない囚
われないという状態が理想である。ただやはりこの場合、脳波は動いていな
いというより、「生死に限りなく近い状態」と言えよう。
　100パーセントは無理でも、生死を賭ける状態においては、自分の死生観
を超える心理状態が自分を救うことに繋がる。

　しかし、ゲーム機の場合は現実の命を賭けることはない。映画「マトリッ
クス」のようにゲーム（バーチャル）の世界と現実の世界が同居する時は、
例えば電車の入り口に立ってゲームに没頭し、多数の人が乗り降りしていて
も「気づかず」、ゲームに「入神」している時などである。実際にそのよう
な若者を見ると、「脳波が動いていない」のだということがよくわかる。企
業の利益主義優先で、ゲームが売れればいいという風潮が、頭を使わずにゲー
ムを楽しむ、楽しめる状況を生み出している。
　ゲーム以前の漫画でも頭（脳波）を使うものが多かった。使うというより

考えさせる場面などがあった。『巨人の星』『あしたのジョー』など、『タイガーマスク』も単なる格闘ものではなく、人情や努力、根性の大切さを教えてくれた。松田先生原作の『拳児』はそれに中国武術だけではなく、日本武術の良さも知識としてプラスされた、楽しい劇画であった。我が道場では何の知識もない初心者が、置いてある単行本を読んで励みにしている。ゲームのような、実のないバーチャルの仮想世界は、虚の世界である。のめり込めばのめり込むほど虚しくなるのではと思う。劇画に限らず、夢のある楽しい「現実」世界を構築していきたいものだ。

（出典：月刊秘伝 2009 年 3 月号）

太極拳の基本原則で

　今連載の太極拳は松田先生（松田隆智老師）より教えていただいた套路（型）である。台湾の武壇に伝わる陳式太極拳である。現在、大陸で広く行われているような套路とちょっと感じが違う。大陸のは粘りと柔らかさが強調されたようなイメージが濃いが、武壇に伝わる套路は粘りよりも円運動を意識した感じが強いように思う。どちらが良いか悪いかの問題ではない。何を主題に套路を行うかである。

　太極拳に陳式、楊式、孫式などがあるように、それぞれに特徴を持たせた内容がある。陳式では円運動に体の各部と全体を繋げる螺旋運動（纏絲勁）を主体に、楊式では円運動と気の運用を合わせるような動きを、孫式では呼吸による気の運用を強調しているように行われているイメージが、という具合である。

　しかしどの太極拳にも共通して言えることは、太極拳の祖とも言うべき王宗岳が著した太極拳論の注意点を外れて、それぞれの套路を行うことはできないということだ。それに外れることは自らの太極拳を否定しているのに等しい。同じような形でも、門派、流派によってどのようなエネルギーの出し方（勁力）をするかは、それぞれ違い特徴がある。大きく足を踏み込み踏み降ろす勢いを勁力として利用したり、あるいは足を高く上げずブルドーザー

のように地面を掻くように、歩を進め、その勢いをエネルギーとして利用したり、あるいは体を鞭や伸び縮みするゴムボールのように使い、それをエネルギーとする方法など、他にも色々なやり方がそれぞれに行われている。

　それらは決して似たり寄ったりの方法ではなく、それぞれが核として大事に稽古を積み重ねてきた結果の基礎鍛錬方法である。後には場合によって自分の門派のやり方に、他流の方法を取り入れることができるものがあったりする。むしろそのような積み重ねが自分自身の勁力を増大していく。

　もちろん核となる自分の門派のやり方をおろそかにしてはならない。どのような基本（基礎）も土台となる核を常に大きくすることを目指さねばならない。方法はそれぞれでも足腰の強化が第一である。その時に合わせて身体の使い方、動かし方の基本方法にどのように取り組むかで稽古の内容が違ってくる。このような時にその違いを批判する人がいるが、その暇があったら、少しでも上達できるように自分の稽古をしていればと思う。

　松田先生の太極拳は習う者に丁寧でわかりやすい。一つ一つの技が決まる時の姿勢（架式）が、馬歩、弓箭式、虚歩、四六歩などの基本の立ち方を大切にした方法だ。他でも架式の大切さは言われるが、松田先生は常に正しい姿勢の会得を第一に心がけることと指導された。架式のなかでも馬歩、弓箭式、四六歩、虚歩は年数を積み重ねるほどに、土台としての足腰鍛錬により欠かせない基本姿勢である。松田先生の太極拳はこの架式を大事に最も重視している練習方法と言える。一般的に見られる、体を低く柔らかく粘るように行う陳式太極拳は年数を積んだ人向けの方法と言える。馬歩や弓箭式は当然だが、柔らかく粘る体の動かし方に重点を置いているせいか（もちろん用法の必要性としてもあるが）馬歩も弓箭式もはっきりした形をしていない。姿勢の良し悪しは威力や攻防の用法にも影響する。初心者のうちは体の柔軟性を作るようにしながら、はっきりした馬歩、弓箭式などが形つくれるようにしたい。

　連載の丹田とツボで行う太極拳は、単にツボ意識を強調した方法ではなく、正しい姿勢原則に則って体を動かせる必要がある。その姿勢原則とは太極拳

の原典である王宗岳太極理論にある基本原則である。立身中正、虚実分明、沈肩墜肘、虚領頂勁、上下相随などはどのような動きのなかでも必ず内在していなければならない要素である。

　これらは太極拳に限らず、どの門派にも共通して言える事項だが、なかなか守られていないような、あるいは重視されていないのではと思える練習をしているところもあるようだ。

　ツボだけでなく、丹田の会得も正しい姿勢でなければ、小さな丹田で終わってしまう。松田先生にご指導いただいたおかげでこれらの注意点の重要さを常に実感している。

（出典：月刊秘伝 2009 年 5 月号）

套路・型について

　太極拳に限らず、套路には様々な要素、基本の身体運用法の取得と肉体的な鍛錬、それに実際の攻防の術理などが含まれています。だからこそ奥深いのですが、限られた時間のなかで稽古をしていると、どうしても套路の形を覚えて正しく行うことに集中してしまう。その結果、形は正しいけれど、無駄に力が入った、丹田が生きていない套路や、力のない柔らかいだけの套路になってしまうことが多い。

（出典：月刊秘伝 2008 年 7 月号）

　私が思う太極拳は体が小さくても、歳をとっても使えるものです。その為にはまず丹田を養い、それを使って動くことが大事になるわけです。（中略）套路を「丹田の養成」という視点で見直したいと思っています。

（出典：月刊秘伝 2008 年 7 月号）

　私の太極拳理論は、套路の時にツボを基準にして動くことで、丹田を養うことを根本に据えているわけです。

（出典：月刊秘伝 2008 年 7 月号）

これは套路全体に言えることですが、理想はゆっくりとした動きのなかで、早くやるのと同じ感覚を養えることなんです。速さが違っていても、体のなかでやっていることは同じでなければ意味がないわけですからね。

（出典：月刊秘伝 2008 年 11 月号）

　（套路を繰り返すことで）丹田から発する "動きの理" を自分のなかに作ること。

（出典：月刊秘伝 2009 年 1 月号）

　太極拳の套路は、それ自体が技術的なノウハウであり、同時に体を練り、動きのセオリーを作るものです。だけどそれは、そのまま使えるものではない。現実に突然起こることに活かす為には、常に感覚を外に開いている必要があります。その外に開く為には、順番としてまず自分のなかの感覚を開く必要があるんです。（中略）私がこの連載でツボと丹田を意識して套路を行うことを勧めているのも、ツボを意識することで、自分のなかに目を向けやすくなるからなんです。

（出典：月刊秘伝 2009 年 5 月号）

型の学び方

　実力がない人は、型について、型だけにこだわるようになる。実力のあるものは、型のなかに含まれる意味を知ろうとし、自分のものにしようと努める。だから多くの型を覚えようとするより、その型の実用的な意味を探ろうとする。一つ一つの技を確実に自分のものにしたいと心がける為、全体を覚える速度は遅くなる。

丹田について

　（丹田は）時に転がり、時には歯車のように動く感じで、姿を変える感じです。（中略）時によって鋭くなったり、柔らかくなったり、重くなったり、軽くなっ

たりする感じです。

（出典：月刊秘伝 2008 年 7 月号）

　大事なことはお腹のなかで丹田が移動することで、動きが生まれることを感じながら行うことです。（中略）まず自分の体のなかを丹田が動くことを感じる。それが第一歩です。

（出典：月刊秘伝 2008 年 7 月号）

　動かない稽古が有効ですよ。（中略）最初から動いてしまうと、動くことに意識がいってしまい、自分の体のなかに意識が向かわないんですね。（中略）足をそのままに丹田を腹のなかで転がし、腰で重心が動くことを感じます。最初は円を描くようにして、慣れてきたら八の字を描くように動かす。衝門と血海のツボを意識すると良いでしょう。

（出典：月刊秘伝 2008 年 7 月号）

　感覚としては腹にある球・丹田が転がって進むような感じですね。足で歩くのではなく、丹田の移動で動く。

（出典：月刊秘伝 2008 年 9 月号）

　自分の重さが、軸を立てたまま自分の体から飛び出して、相手にぶつかるようなイメージです。

（出典：月刊秘伝 2009 年 1 月号）

　（小さく動くことについて）そこで大事になるのが丹田線です。小さく動くというのは意外に難しくて、特に体の大きな人はすぐにバランスを失ってしまう。ですから丹田を意識して、しっかり重心を移動させることが大事になるわけです。

（出典：月刊秘伝 2009 年 5 月号）

丹田と馬歩

　丹田の意識が実感できるようになるには、馬歩でじっとしているより、基本の鍛錬のようにゆっくり動く方が良い。馬歩のまま動かずにいると、呼吸を意識してなかなか気の流れを感じにくい。じっと動かないなら、馬歩を高くした楽な姿勢で立ち、呼吸が丹田に集まることだけを意識する。補助作業としては、唾を飲み込む方法などがある。ヨガの速い呼吸による丹田意識(腹を膨らませたり、ヘコませたりする)。丹田が充実してきたら、自然な感じで下の方へ気が下降する。初めは意識が必要。(注意)普段の練習において、その始まりはいきなり足への下降を意識しないこと。初めは基本通り丹田重視から。丹田が充実してきたら、全身への移行を行う。

(1988 年 6 月 21 日)

実戦時の丹田

「実用」足下、丹田意識について。実戦的(組手時)の意識は、足下だけでなく、丹田だけでもなく、両方の中間的意識がより実用的。いわゆる大腿部（上肢）の自然的な感じが良いようだ。前述の柔術坐法での感得が良い指標となる。
　丹田強化法 1　合気道（植芝盛平のフィルムにある基礎鍛錬法）、馬歩から直立立ちへの移行。足裏、蹴り出し強化法でもある。

丹田意識

　丹田意識と言っても、丹田そのものが初めは実感できないし、しにくい。ここが丹田だと臍の下を指差しても、それで丹田が実感できるわけではない。丹田が実感できるまでは、その存在は意識で導くしかない。丹田の位置は臍の下、指 4 本目くらいのところ。腹のなかに 3 分の 1 入ったあたりになる。「丹田は身体にとっての礎石」。建物に礎石がなければ、柱が立たないのと同じで、丹田ができていないと、威力、攻防技術などに必要、肝心な骨組みができないようなもの。

丹田と力

丹田と力の関係は比例する。効果に深く関係する。馬歩で重いものを持ち上げようとする時、馬歩そのものは脱力で立つが、ものを上げる直前、

①丹田に力を入れる。この時は息を半分ほど力むようにして吐く（丹田に力を入れる）。

②足下へも息を下ろし足を踏ん張る。①の状態のまま（丹田の力はそのままの状態で）、体の力を抜くようにしながら、息を足下に気が降りるように吐き出す。

③①②の後に、丹田と足下踏ん張りができたら、そのままの状態で再度大きく息を吸い、吐く力で持ち上げる。

馬歩でなくても同じ要領。腕だけの力を利用するのではなく、丹田意識を使えば楽に力が入る。

「丹田線」中心理論

「身体の軸をどう作るか？どのように立てるか？」は、これまでも多くの武道関係者が口にしてきたことである。そして、丹田の重要性に注目してきたのも、今更言うまでもない。ただ丹田の重要性が言われながら、具体的に丹田そのものをどのように実感し、生かすかは、詳しく語られてこなかった。

丹田は身体の臓器の部位ではなく、腹中の空間を指す。それも、人によって感じ取り方などが違うようである。人によって違う感覚でも、エネルギーを湧出させる働きがあることは、それを会得している誰もが認めるところである。その丹田を、自覚しそのように生かすことができるかが課題である。

意守（武と美人と）

立っている場合　武→足下、美人→丹田中心・足下少

座っている場合　武→丹田中心・足下少、美人→丹田

女の子とは（仕事の対応などでも）気持ちの持ちようが大部分左右する（腹つまり丹田）。武（男）の対応も、自然に考えれば気持ちの持ちようで、自

然に対処している。ただし、足下への訓練ができているから。

　その他、美人と出会ったりなど、不意に、突然の出会いで、感情が動いたら、相手と自分の二者に捉われず、それを外す感じで、第三のものに意識を移す。感情が動きそうな時は足下のみ（立式）、座式では丹田中心・足下少。

　感情は一旦動くと、それなりの運動をしなければ収まらない、ということを理解しておくこと。つまり、すぐに平静になろうなどと焦らないこと。むしろ自然の感情に任せるくらいの気持ちでいる方がリラックスできる。感情制御の意識過剰はかえって不自然。

（1990 年 12 月 16 日）

ツボについて

　（ツボは）動きを明確にできる基準点ですね。（中略）套路の大事さは外見の形よりも、むしろ体のなかがどう繋がっているかなんですよ。（中略）ツボを動きの基準にして套路を行うことで、体のなかが自然に繋がり体全体で動くことができてくるんです。

（出典：月刊秘伝 2008 年 7 月号）

　大事なのは単に手でツボを追うのではなく、体の方からもツボを意識することです。それによって身体が繋がり、宙で動かす手にもしっかり意識がいきわたるんです。

（出典：月刊秘伝 2008 年 9 月号）

　（動く時に）手の平の労宮に空気の抵抗を感じて行います。（中略）空気を抑える。そうすることで適度な緊張感が生まれて、体を繋げて動くことを学べるわけです。（中略）ただゆっくりやるだけではなく、そこに空気などの抵抗を感じて行うことがすごく大事です。

（出典：月刊秘伝 2008 年 11 月号）

　（ツボを）全部いちいち一線上に正確に合わせようとして、無駄な力を使ったり、体を痛めてしまっては意味がないですよ（笑）。（中略）ツボは自分の

丹田を中心に動く為のポイントで、形の上で套路に合わせるのではなく、体のなかから套路を学ぶ為のものなんです。逆に言えばツボを合わせる為に動きが窮屈になっては意味がありません。

（出典：月刊秘伝 2008 年 11 月号）

太極拳について

　相手の攻撃をただ待っていて良い武術は存在しません。（中略）最初から「受けよう」「化そう」としていては駄目だということです。そういうことができる前提に、まず、攻撃力をしっかり身に付けることが必要だというのが私の考えです。（中略）体のなかにいつでも爆発できる力があることを確信しているから、その先にある「受け流す」「化す」という技法へ繋がるわけです。そういう前提がなければ、武術として成り立たないと私は考えています。

（出典：月刊秘伝 2009 年 1 月号）

　私は「太極拳の力の源泉は、丹田であり、ツボを意識して動かすことが原理である」としているわけです。

（出典：月刊秘伝 2009 年 1 月号）

　一見何でもない受けも、実際にはただ腕でブロックしているのではなく、丹田からの繋がりで受けることで、相手の動きに影響して、動きそのものを変えてしまっているわけです。（中略）それがいわゆる「化する」と言われる部分なのですが、形と用法に囚われ過ぎると、原理と切り離された技術的な解釈が主になって、套路の持つ本質を見失ってしまうわけです。

（出典：月刊秘伝 2009 年 1 月号）

　（歩法について）武術の歩法にとって大事なことは、まず安定したまま自分の体重を動かすことが最初にあり、次に移動する場所が自分にとって有利で、相手にとって不利な位置であること。（中略）太極拳にとって大事なのは、相手に接触できる位置で動き続けることです。（中略）密着したまま動

くことで、最初の接触で作った崩れをどんどん大きくしていくことができる。（中略）「如何に接近するか？」が、武術の肝で、正しい位置に動ければ、その時点で半分以上、勝っていると言えるでしょう。

（出典：月刊秘伝 2009 年 5 月号）

（原則的には）正面から入らず、止まらないということに尽きますよ。実際に生死を分けるのは、どれくらい敏感に、相手や周囲の気配や気持ちを感じて動くかでしょう。推手や対打は本来そういう感覚を養う部分だと思います。

（出典：月刊秘伝 2009 年 5 月号）

「太極拳の戦いのイメージ」とは？

　太極拳的な戦い方とはどういうものかを感じる為には、格闘技的な戦い方との違いはどういうものか？　ということを知ればわかりやすい。

　いきなり一般的に街中で起こる喧嘩の話になるが、これは大きく分けて二通りあるように思われる。一つは喧嘩慣れしているもの同士のいきなり殴りかかるやりかた。もう一つは、喧嘩などしたことがないような人が、そういう喧嘩慣れした相手に対した時、自分の方は人を殴ったことがなく、手を出せないのと、相手が殴ってくる攻撃を喰らいたくない為に、ほとんど本能的、反射的に両手を相手に向かい前に伸ばし、顔を後ろにのけ反らせ、相手の攻撃してくる拳や腕が届かないようにするやり方である。

　これなどは、ある意味上等な防御方法といえる。しかし、殴られにくいけれども、相手を倒すことはできない。これでは相手が殴るのを諦めてくれるのを待つしかない。これでは武術の意味がなく、武術が泣いてしまう。

　しかしこの喧嘩の仕方（？）に太極拳の戦い方のヒントが含まれている。

太極拳の戦い方は素人的？

　喧嘩慣れしている者でも、素人が相手で、打たれまいと顔をのけ反らせて、腕を伸ばして、こちらの両手を抑えようとしていれば、簡単に手を出せる状態にはなりません。どうしても殴ろうとして、手を引いてから、素人の手を

離れさせてから打たねばならないですよね。素人の方は、打たれたくないからさらに前に入って抑えていくという構図になります。

　見ているとこうした素人の対処の仕方が機能している。

　これを太極拳的に当てはめてできないかを考えたのですが、自分から攻撃をしなくとも、相手が攻撃しにくいように受けにいく。相手の腕を抑えにいくということです。もっと言えば攻撃するように抑えていくということが、身を守ることに繋がるのです。

　単に相手の攻撃を受け止めようとしても、相手の攻撃が鋭ければ、受けにも限界があります。しかし、相手に殴られたくない素人のように、始めから相手の手、腕を抑えるように出ていったら、相手の拳を喰らわないで済むということに結びつきます。

　問題はそれを、どう太極拳的な用法に結びつけていくかです。

　こう書くと、「こういうやり方で相手の攻撃を抑えられるぐらいなら、先に打てばいいじゃないか」という声がありそうです。確かにその通りですが、それは武術的に見た話であって、実戦になればなるほど、状況によっては逆に「先に殴ればいい」という訳にはいかない場合もあります。まして、心理的にも人の顔は思うほど簡単に殴れるものではないのです。あのマイク・タイソンでさえ、ストリートファイトでは緊張したと言います。（もちろん彼は人の顔を殴るのは慣れていましたが、心理的には、リングとは違うということだと思います）

　こちらから手を出せるような状況にない時、気持的（心理的）に打ちにくい時に、相手を制する方法がある、それが太極拳と言えるのです。

　具体的には、先ほどのように、まず素人的に入っていき、相手を動かせないようにしながら、虚実を抑えていく。その過程で相手の抵抗を推手の要素で対応し、太極拳の特性を生かしながら、相手を制していくようにするという形です（これだけでは何のことかわかりにくいと思いますが）。

　改めて整理してみますが、素人的に抑える。その次に必要なのは相手の対応です。つまり素人的抑えは、ある意味では一般的ですが、これを二方向へ対応できるようにします。それは単なる抑えに対して、相手が対応を変化し

て、こちらに新たな攻撃手を加えようとしてきた場合に、こちらは最初の抑えに続いて、次の攻撃手に対しても、抑えるように出ていくようにする。

こういう相手の攻撃手の起こり頭を感知し対応するのには、日常の推手的練習が役に立つのです。

太極拳で戦う？

太極拳は接した所から始まると言われることがある。接した所から行う為に、相手の動きを事前によくキャッチできる利点がある。しかし、これは問題点もある。接した所（接近戦）は良いが、離れた距離からの相手の打撃系、格闘技系の攻撃に使えるのか？　問題がある。

このことが「太極拳は使えるのか？」とか「太極拳で戦えるのか？」などの声が出る要因だろう。だから最近では、太極拳で戦うなどといっても、あまりピンとこない感じがしないでもありません。「太極拳で戦う？またまた大袈裟な言い方をして、いいかげんにしてよ」と言われそうなところもあります。しかし、それでもやはり太極拳は武術です。問題は太極拳を武術として、どのように使うかにありますね。

実用の太極拳

実用に際しての必要なことは、色々な要素がある。相手との間合いのこと、自分の体捌き、身の動かし方、相手の攻撃の受けから、相手を制するまで、あらゆる要点が繋がり、それぞれのポイントで、正確、確実に相手を上回る状態の積み重ねが勝ちに繋がるのである。

言葉で言うと、こういう風に長くなるが、実際にはそれらの要点が、一瞬にして行われなければ相手を制するところまでいくことができない。それができるようになる為には、動きがこなせるだけの身体が必要であるし、その上で、理屈、理論に則った動きが初めて可能になるのである。ということは、理論的には不敗と言われる（武道）太極拳が初めて完成するのである。

武道の極致は相手を打たずに制すること。

（1993 年 9 月 6 日）

極意と真理

自分と違う世界があることを認める大切さ。

極意は一つというのはまだ入り口にいるということ。

真理は一つ＝あらゆることが真理

現代において極意はどのような意味を持ち、位置を占めるのか。

極意を得るものは、それを得ようとするものにしか実感としては得られない？

誰にでも得れるものだが、その時にそれを極意と認識するか、あるいはできるかどうかによる。

日常生活の毎日同じ暮らしのパターンの繰り返しをするうちに、ふと、何気なく、無理なく作業を片付けていることがある。このようなことは、誰にでもあることで、それを本人が認識するか、あるいは意識してそのようなことを感受しようとしているかの違いなのである。

どのようなことでも、繰り返し行えば、それに対する要領が生まれてくるものであり、無駄なく行えるコツがわかってくるものである。次に同じような作業を行う場合、そのコツの会得は必ず役に立つものである。

極意は特定の人だけのものではなく、むしろ、ごく一般の普通の生活をしているところに存在するものだと言えるのである。ただ、現代人は忙しく、身体の限界以上の体力を使い切っているような感じで、仕事に精を使い果たしている。自分を省みるほどの余力を残さぬ程、ゆとりがない為、日常の繰り返しから、得られるはずのコツが認識できないでいることがほとんどである。そのようなことのコツは、小さなことから大きな出来事まで同じである。

（1993 年 2 月 3 日）

武術の学びについて

何かを否定する前に、その良さを認めて、「これは一体何をやっているんだろう？」と考えることが大事。

（出典：月刊秘伝 2008 年 9 月号）

もちろん稽古には我慢や負荷をかけることも大事です。ただそれで体を壊してしまっては意味がない。体重が重い人と軽い人では同じ動作でも負担が全く違うわけで、無理の効く若いうちならいざ知らず、ある程度年がいっている場合は考えてやらないと。

（出典：月刊秘伝 2008 年 11 月号）

稽古について

推手的方法の生かし方

　相手を自由にさせないように抑えているのを、逆に相手がこちらに対応して、技を出そうとするのを、推手の感覚で察知し、それに対応するのである。それを単に対応するのではなく、相手の動きを制し、自分の動きやすいように入っていき、技を働かせる。

　太極拳を使えるようになるには、推手練習と散打的練習。推手練習をどのように実用に生かすか？　推手の特徴は聴勁と粘勁。太極拳の実用は、接触するようにしながら、技を表現する。型をそのままの形で行うには問勁（？）。肘を落とし、肩の力みをなくす。受け身的では対応できない。積極的、能動的な気持ちが必要。推手練習も聴勁も受け身的にやっていては相手の動きに対応できない。感覚の方は受け身でも、身体の方の対応が遅れては、相手の動きに対応できない。

　相手が打とうとするところを、抑えるように、相手が打とうとするところを感じ取るのは推手の要領。
　推手で相手と均衡している時は、少し相手に負荷をかけ、相手の反応を引き出す。「相手に問う」ことがある。「捨己従人」など。
　勁について。やたらと発勁すれば良いというものではない。
　攻撃をしないように抑えていく。

相撲の四股は打ちがないから、あれで良い。打ちが必要な四股的鍛錬、馬歩。馬歩と弓歩は同じ勁道と言える。やり方に違いあり。

初心者の突きの練習は中指中心。緩め、伸張。

気合いは肚と背中から。

体は気によって働き（動き）、気は意識（意）によっていくらでも（どうにでも）変わる（変えられる）。相手がそこにいると思う意識があるから、抑える技が出てくる。相手はいないのだという意識になりきれたら、受けも抑える技もいらない。全てがなすがまま（なされるまま）に委ねること（ができる）。そこにいけるまでは、全てが積み重ねである。それが修行というものか（であろう）。

（1996 年 11 月 10 日）

練習法の変化

練習は初心者の時と、ある程度上達したものとの内容は、当然違いがある。例えば、初心の時は力が入りやすいので、重いものを持っての練習は避けなければならないが、ある程度の熟練者は、その人の程度の範囲内で行うのならば、器具を使っての練習も、より一層の上達への道だと言える。また、初心者は基本を繰り返し練習することは大切だが（もちろん上達しても、その重要なことに変わりはないが）、ある程度実力がついた者は、その一つ一つの基本をさらに自分なりに工夫して、練習を積むと効果が増す。

大事なことです

足下→体重移動しながら腹へ。背中を通し（纏絲が始まる感じ）三角筋（脇腹）を経て（纏絲勁を表す）腕から手に。決めは纏絲勁の終わりと同時。定式を守る。終わりの定式は、姿勢、形などすべてに注意。

イ・剣道と形意拳・直線的（普通速度型）、ロ・太極拳の単鞭・回転（螺旋）。ハ・太極拳の摟膝拗歩・直線的（ゆっくり型）、ニ・太極拳の掩手捶・直線的（急速度型）

イは実戦的。腕を比較的、三角筋を通して伸ばす。ロ・ハは気の流通をじっくり感じ取りながら行い、腕は自然にしてあまり伸ばさない（体から離さない）。ニはイと同じく、気の流通を頭に入れながらも、特に腹を意識して力強く行う。姿勢が崩れないように注意する。

（1981 年 12 月 11 日）

形<ruby>に拘らない。<rt>かたち</rt></ruby> 本音が大事

　良い形（欲）で決めようと思わず、自然に任せる。気持ちのままに表現（体）する。原則的に我（自分）自身の気持（本音、欲求）があらゆる全ての心気体に最優先する。その気持（本音）に従って、気体が一致するように。表現体が現れるように心掛け、自然にそのような表現体が出せるように、日常の修行は行われるべきと心すること。

　中国拳法における流派はどれが良いとか悪いとかの問題ではなく、その時の自分自身の気持（本音）に従って、表現体が変わらねばならないのであるから、全ての流派において達人にあるように心がけること。ただし何よりも恐るべき病は、臆と怯である。気持（本音）のなかに、臆と怯だけは侵入させてはならない。

　型を行う時は、呼吸法をあまり重視するより、姿勢、特に腹を生かし、力を抜くことに注意する。呼吸は自然に任せるとかえって良い。

　日常の練習はテーマを持って行うこと。ただ練習するというのではなく、基本なら威力養成とか、姿勢修正など、それぞれのテーマを重点において、その日その日を練習する。ただ漠然と全ての重要さを一度に練習し、マスターしようなどというような感じの練習では余計な時を費やすことになる。
　実戦のイメージを想定して、練習を行うことも大切なことだ。いわゆるイメージトレーニングであるが、こういうイメージが普段の練習の集中力を高めることになる。

普段の練習において、技能を発揮する者が実戦に強いとは限らない。どうしてそういうことがあるのかといえば、実戦に際しては、精神が当然普段の練習時と違って、多様な反応を起こすからである。実戦であるから負ければ、自分の人生は終わりだと思わなければならない。相手が見知らぬ相手なら、どういう手を使うかがわからない。例え知っている相手でも、必ず知っている手で来るわけではない。何しろ相手も必死でいろいろなことを考え、とんでもない方法で来るかもしれない、など普段なら気軽に流すような事柄が、重要課題として目の前に迫ってくるのである。冷静にならなければと思えば思うほど、余計、精神状態は乱れてしまう。そのようにならないために、普段において実戦を経験するようにイメージトレーニングなどを根気よく毎日でも行う必要がある。

（1990 年 2 月 8 日）

夢の実現可能な厳しさと、現実的でない厳しさの違い

　同じ言葉の厳しさでも、意味が全く異なる。実現可能な厳しさは、その夢が実現的ならやりがい、果たしがいも出てくる。逆に現実的でない厳しさは、その夢が現実的でないことから、絶望的、厭世的な気持ちになりやすく、日常的にも疲労感が増してくるような厳しさである。

　実現可能な夢はどのようにして実現達成できるか？　状況、環境、時、立場など、ありとあらゆる点を把握して、どのようにして、どこから手をつけたら良いのかをじっくり検討し、やれると確信したらその確信を信念として、真っしぐらに実行すること。はじめは徐々にでも軌道に乗るとスムーズにことが運ぶようになる。

日常生活→現実的→こつこつ型→達成可能、武術的

非日常的→非現実的→突飛型→触れないで倒すなど超能力的→まず達成不可能

（1990 年 1 月 11 日）

察知感覚養成法

　気の感覚の大切さ。力ではなく気を優先させる感覚を大事にすると、主観的なだけでなく、客観的な感覚をも養成することができる。力を主体とすると、主観的になりやすい。どうしても自分自身の体をまず強固に確立しようとするため。

（1993 年 7 月 12 日）

精神力

　精神的修行は楽しく、面白く、自分が納得できる範囲で練習していては鍛錬にならない。楽しいはずの武道の練習が（武道に限らず）苦痛で辛く、嫌になるくらいに練習をし（例・寝る時間をほとんどなく練習をするなど）練習を重ねることによってと言って良いほど、精神的な鍛錬は忍耐することによって得られる。

　どんな高級な技術も、いざという時のためには、精神的な鍛錬ができていないと、生かすことができない。単に高級な技術を身につけ、実用的な用法を知り、身につけたとしても、実戦で生かすには精神的な支えが必要。

　楽しく、面白く練習していれば確かに技術は上達しても実戦において必要な精神力はそれ相当（経験、年齢に見合った）にしか養われない。

実戦について

上田先輩のこと

　11 月 2 日に OB 拳和会支部の集まりがあって、上田先輩が来宅。いつものように夜を徹して話し込む。

　①今回は先輩の実戦的な先の取り方を一つ教えていただいて非常に参考になった。相手と目が合った瞬間（刹那）に相手を圧するように相手に向かっていくようにする。相手は圧倒されるような感じになる。実際に先輩にやっ

てもらったらとてもグッと迫る感じがわかり納得した。このようなやり方を土台に色々と幅を広げていきたいと思う。

②鉄砲玉の話。植芝盛平に対して、鉄砲玉、鉄砲玉＝人間の鉄砲玉というように考えて、自分の武道を高めていくことを目指すように。

③①の相手と目が合った時に相手がこちらに来ようとする気を外し、なお、気がぶつからないようにする。相手がなおも我に近づいて来るようなら（面と向かって見ないで感じ取る）、相手が間になるまで、そのままにさせておき、間合いになる直前、その利那我の方から相手を気圧すように相手に向かう。

④③の状態でも、なおも相手が来るようなら、相手を抑えるようにしながら、徹底して相手の気とぶつからないようにする。鉄砲玉を避ける、避ける事（術）。

・徹底的に相手の手足（攻撃手）がないものと心得る。（八卦掌の鉄則）
・非情＝ぶっ殺すという心持ち（無情ということ）＝天我地（すべて）

（1996 年 11 月 14 日）

実戦について「狂気の相手への対応」

実戦的に気の強い相手の時
・自分は狂になるというより、自分は狂であるというように、自分のうちに狂性を発し、相手の方に向かう狂気を出しながら、その狂気を相手の、両耳、頭頂へ、狂気、狂体ごとぶつけていく。

・自分を巌のようにするには、気合を内に発しながら、丹田、足元へと気を地へ、気合、気力、気、体ごとぶつけるように沈め落とす。

（1996 年 11 月 16 日）

実戦的な気の強い人間は、手を出さずに気で押し出してくるから、武術的

な対応では通用しない。ハッと気がついた時、すでに目の前に相手が迫っている時は、受けやよけがどうのなど通用しない。相手の押し出してくる気そのものの反動で、自分の身体を遠くへ弾き出すしかない。武術的に対応しようとすれば確実にやられてしまう。

　自分の身体が相手の気の圏外に出た後、自分自身がやる気がどうしてもないなら、その場を離れる事。その場に居ついているのが一番良くない。

　逆に自分自身にその気があったら、その気を狂気に変えて逆襲するつもりで相手にその狂気をぶつけていく。その時は、その狂気をもとに、必ず相手を殺すと自分のうちを変える。

　逆に少しでも狂気になりきれず、自分自身のことが出る時（意識的な部分が出てしまう時）は、自分に隙がある時である。

　手を出さず、鉄砲玉をどうにかすることを考える。手を出そうとすれば(技で対処しようとすれば)、逆に相手の気、気迫、気力で圧倒されてしまう。

相打ち、刺し違えの気持ち

　武道としての道を歩んでいる人は、今の世のなかは、武道のことに関して、様々な情報を手に入れやすい反面、武道にとっては、むしろ害にしかならないような、それでいて紛らわしいような情報も数多く氾濫しているのが実情である。

　様々な情報のなかから、自分にとっては何が大切な情報かを見極める目も必要なのだ。

　もちろん、どんな情報も頭から否定しては、正しい判断力とは言えない。できればそれが武道的に役立つ情報であるかどうかを、自分自身の身体で確かめてみるという実行力も大切なことだ。

　武道的な要素と称して、相手に手を触れずに倒すなどという人がいるが、これなども基本的に武道の意味を理解していない人の戯れに過ぎない。

　武道の本質は何かを考えてみれば、自分の手で相手を倒すのが「武」本来の意味なのだから。仮に武道を続けていたら、そのように相手に触れずに倒せるようになったとしても、それを売り物にするものではない。それを見て

取得したくなった初心者が、それができるようになるかと言えば、まず不可能なのだから。

　ほとんどの人が会得できないことを売り物にするということほど、武の道においてたちの悪いものはない。基本的な練習方法から、地味に練習を積み重ねるならば、誰でも必ず武の境地に到達できるものでなければ、武の道とは言えないのではないか。

「肉を切らせて骨を断つ」では甘い。「例え命を落とすことがあっても、必ず相手を倒す」という気概が、相手を圧する気迫を生み出す。

　武の心境では「無」ではなく、非情さ、冷淡。単に「無」では相手を倒す、という気概が弱い。どのような展開になろうとも、「相手は必ず倒す」という、気迫、気持ちは武にとって大きな意味を持つ。

「相打ち」「刺し違え」の心が、強い精神力を生み出す。

　技術的には、「受けよう」とか「退がって対処しよう」とせずに、ただ相手の間合いに入っていく。前へ、どんどん進んでいく。退がって受けようなどとしては、相手のペースになってしまう。相手が何をしてようとしても、打ってきてもさっさと入っていくことが肝心。

　相手がエネルギッシュで勢いがある場合、多少自分の方が実力があるからといっても、少しでも退き、対処などしたら、相手の勢いに必ず圧倒されてしまう。相手の勢いを止めるには、前に出て止める気概がなくては、決して相手を制することはできない。

自分の意図を無にする

　ボクサーのように早いパンチを出すものと、まともに打ち合おうとするのは無駄なことだ。かといって、退がりながらではなおさら戦いにならない。負けると断言する。どうしたら良いか。相手のボクサーが戦おうとする前に、すでに抑えていることである。そうすればどんなに素早いパンチでも出せないのである。

　しかしこれには注意点がある。相手が戦おうとする前に制しようと進み入るには、抑えようとして意識的になったら、相手に反応される。ただでさえ

反射神経のいいボクサー相手で、こちらの意図が読まれたら、相手に負けたようなものである。打ち合いが始まれば、素早いパンチで圧倒されるのがオチで、敵わないとなれば、やはり、相手が打とうとする前に相手を抑えるのが最良の手法である。

　自分の意図を如何に無にし、それでいて如何に事前に相手を抑えていけるかは、やはり自分自身が如何に自然体になれるかということである。相手がどのような相手であれ、問題は自分自身が、戦いが始まろうとするその寸前、あるいはその前に、如何に自然に「ノロ〜」っという感じで、相手を抑えられるかである。どのような相手であれ、「相手は関係ない」のである。要は自分自身がその心境になりきれるかどうかなのである。

柳生流「合撃（がっしうち）」から

　刀においては、相手の攻撃線は一本だが、拳法の場合、手足の複数線があるので惑わされやすいが、基本的には同じ要領である。相手が出てこようと、自分の正中線から拳を出す。しかし、ただ出すだけではこの技の意味がない。相手が出てくるのを読み取り、相手が打ち出そうとする時（反撃できない時）に、こちらの攻撃を行うのである。これは簡単なようであるが、相手の打ち出す呼吸を読み取り、相手に攻撃させた上での、こちらの同時攻撃である。タイミングが早過ぎても逆にこちらがやられてしまうことになる。よくよくその瞬間を見極めて、なおそれに対応できる身体を常日頃から作っておかなければならない。上記の為の練習方法を今後考慮のこと。

　武術とはとかく始めの一本が勝負である。だから、その一本に全神経を集中することが、大事ではないだろうか。型もまた、その一本の為に研究されるならば生きてくるだろう。

（1986 年 7 月 1 日）

稽古日誌①

　4 月から、区の体育館を借りて火曜だけ教えることにした。道場破りがき

てもいいように、対策技術を検討中。

「相乗り」について

　相打ちに乗り越す。柳生新陰流の合撃に同じ。合わせて乗るのではなく、相打ちに乗るということが大事。普段の練習も相手を想定する。（例：松田隆智老師、極真会館、剣道式の相手など）

　①松田隆智老師が相手の時

　イ　正面一撃の相乗り

　ロ　相手の攻撃を退いて受け続け（反撃を織り交ぜて）色を見せてから相乗り

　ハ　猿式、跳躍変化を織り込んでからの相乗り

　②極真会館相手の時

　①のイ・ロ・ハに同じ。相手の蹴り（回し蹴り、上段蹴り）を想定

　③剣道式相手の時

　①のイ・ロ・ハに同じ。

（1987年2月3日）

　人は生まれつきと育った環境により、それぞれ体型が違う。自ずから、体質がかなり違う場合もでてくる。同じことをするのに、人によって違ったやり方になることもでてくる。例えばサッカーのペレとマラドーナの例。

　ペレとマラドーナ。サッカーやバレーボールなどの球技でも、ベテランはその瞬間は吐き切る、少し前の状態である。ペレは3人ほどに囲まれたところを抜け出すのが上手。体力より柔軟性が必要。マラドーナは、行列を直線的に突破するのが得意。体力があり、他の選手より運動量が多かったから可能。

　武術的には、相手が行列で進んでいるものではなく、囲む状態であるから、ペレの方法、向きが重要と言える。しかし戦い方によっては、行列的になることもあり得るわけで、決して一概には言えない。できれば二つの方法をマスターできれば良い。

松田先生

　武術には幾多の種類が分類別にあって、それぞれが個性によって、人それぞれに向き、不向きが出るのは当然である。

　今月号の雑誌「武術」で、松田（隆智）先生の対談記事のなかで、呼吸法と発声法の「ア、ウン」と「ハ、フン」のことについて書いてあったが、インド、中国は「ハ、フン」で日本は「ア、ウン」となるとあった。

　思うに「ハ、フン」と「ア、ウン」の相違は、国土、人間、人種的、環境的な違いからきたのであろうから、どちらが正しく、どちらが間違いとは言えないのではないか？　「ハ」と「ア」は開口で行うが、「ハ」は無声、「ア」は有声ではないか？　もちろん逆もあるだろうが。

　また「フン」と「ウン」の違いでは、「フン」は鼻から吐息しながらであり、「ウン」では、息を止めたような状態である。また両方とも舌先が上顎の時と、下顎の時とでは、また別の用法となる。「呼吸の章」参照。

　松田先生は「ハ」腹から、「フン」は胸からと言っているが、俺とは違ったやり方である。別に俺が間違っているとも思わないし、松田先生がおかしいというのも変だ。松田先生のやり方は、松田先生の身体にあったやり方なのかもしれない。俺のやり方は、俺自身のやり方であって、他の人には他の人なりのやり方ができるのかもしれない。他人を指導する時は、そのようなことも心がけてなければいけないな。

（1988 年 2 月 6 日）

突きについて

　①小指へ気を導きながら、②突き出し始める。③拳は中指を中心に自然に握り、④人差指に方向性を意識するようにして、⑤打突する。あくまでも自然に、なめらかな感じで。

　練習方法

　イ・自然に立って、自然に前へ突きを出すようにする。上記の項目を無意識にできるように。

　ロ・相手に当たるのを想定して、相手の体の気が自分の突きの威力で散出

するように行う。

　握拳を的に当てる時に、拳の握りを緩めるようにして、「フッ、ハー」の呼吸と一緒に行うと、力みがなく自然な感じが出る。

（1989 年 10 月 28 日）

　防具練習で本多の進歩が著しい「目の前が明るくなって、先輩（俺）の突き蹴りがよく見えた」と言う。心境の深さが出てきたのかもしれない。実際に俺の方がから蹴りを出そうとすれば、逆に返されたような感じがした。

　満山は実戦的な方法を意識していると言っているが、俺の言う実用的なところと次元が違うようだ。突き蹴りの威力はやはり必要だし、攻防の技術があった上での実戦的な技術でなければいけない。

（1988 年 6 月 7 日）

　初心者の基本的な突きは、横拳（ねじり）で行うことによって、拳に気が通るようになる。掌を拡げ、八卦基本動作を大きく行う。馬歩を腰を低く落とし鍛錬を兼ねて行う。

稽古日誌②

　満山は先週俺の右の単発蹴り3回ほどを受けられずにいたが、今週はその対策を考えていたようだ。俺が右蹴りを出そうと外したら、スーッと前に入ってこようとした。俺は自然とそれに対応し、蹴りをそのまま出さずに出てきたところを、左拳突きだったが、満山にうまく工夫の跡が見られる場面だった。こちらにとってもいい練習になる。

（1988 年 6 月 14 日）

蹴りについて

　後方の相手への蹴りは低く、後掃腿などの蹴りで行う。蹴り込みの前進（応用：基本型）は蹴り足をそのまま前進、一歩進むようにする（応用：蹴り後の突き打ち）交互に繰り返す。

日常と狂気

　日常的（常識的）態度：自然性（意識的でないという事）→非常識的になりきる：強い気の相手→非常識そのもの→狂的→狂そのもの：相手はそこにはいないという意識→実戦的、強い気の相手の時、ただ自分は狂であるという事＝逆腕どりの技をかける時と同じ。正中線を軸に回転するという気持ちだけ。

心気体の一致

「しゃんとしろ」とか「背筋を伸ばせ」などと言うと、胸を張り顎を引くということを強調されるが、気の流通の面から見ると、この姿勢は良くない。
　自然体は胸をやわらげ（へこませてもいけない）、顎を気持ちあげる要領である。顎を引くと首筋が圧迫され、首部分の気の流通が滞り、スムーズに行われにくくなる。「顎を引け」というあとの首筋と背中の線を横から見て、一直線上になるように強いられるが、実際にこの一線上で行われる訳ではなく、体内の気の経絡を通じて行われる。特に立った時の気の経絡は、体の重心によっても大きく影響を受けるものであり、顎を引いた背骨の上に乗っかった頭部の重心は前のめりの状態に同じなのだ。その前のめりの状態では、それを支えるには、どうしても首部分の筋力が必要となり、当然力も入ってしまうことになる。
　そして力が必要以上に入れば、気の流通も滞ってしまうことになる。その頭の前のめりの状態をなくし、背骨の上に均等に楽な状態に乗っているようになれば、首部分の力みもなくなり、気の流通も行われるようになる。頭部の楽な置き方は、顎を気持ち上に上げた状態である。
　このような自然体の状態は、胡座での座禅や、正座の時の状態とも同じである。
　心気体の気と体を一致させるには、身体の姿勢と、体内の気の流通が一致していなければ意味がないどころか、かえって先に進むほど行き詰まってしまう。また、心気体の心は、そのようなことにならないような、心掛けを自分自身に働きかける作用をする、大切な要素でもある。

形意拳の用法における実戦性

　尚氏形意拳（呉伯焔）に書いてあるように、前足で踏み込む時に、始めの一歩を出し、それを相手から離れずにそのまま後ろ足で跟歩しながら二打目を出すという理論そのものは、理論的にはできることだが、実戦に応用するとなるとどうであろうか。形意拳の跟歩は当然、上記のような用法が正しいのだろうが、実戦的には一打の後、相手に離れずにいる間に、捻り打ちなどができるし、そのあとの跟歩は寄せ足気味に行うと効果的と言える。これでも実戦的にはなかなかどうかと言える。つまり、捻り打ちの後の寄せ足が効果的にできるかということである。一番単純に考えるのなら、始めの一打を飛び込み突きで決めるということだけである。後ろ足の跟歩は、寄せ足と解釈するのである。第二打はどうするかという時は、寄せ足をしているので、再度同じような一打目を出すのである。

　一打目を寄せ足にしている時に、相手の反撃があったらどうするか。後ろ足跟歩では、やはり実用的ではないようである。どうするか。八極拳の換歩のような足さばきが一番ではないか。※訂正、（後ろ足跟歩が）実用的であることが京都のお兄さんのこと……（編集註：以下、文章切れ。次の「形意拳の跟歩考①へ続くものと思われる）。

　後ろ足を有効に活かすには、一打目、前足に続けて跟歩して、後ろ足を出すなら、前足に添えるようにしては、跟歩としては実用的ではない。換歩を行う必要がある。ただ単に前足に続く跟歩では、相手が足運びすれば我が拳が届かなくなるからである。つまり、彼に足運び、体捌きあるいは反撃されても、使用できるような跟歩としたら、換歩であろう。

　もう一つ、前足にそのまま続けて後ろ足を出すなら、前足を踏み込み、後ろ足を寄せ足にする方が自然である。剣道の体当たりは跟歩だ。

　形意拳は独特な要素があり、猫背を特徴とする派もある。

（1989 年 8 月 28 日）

形意拳の跟歩考①

　上田先輩のお兄さんのように、大きな気の塊みたいな人には、跟歩を用い

た打撃法しかない？のかも。それでもまともに明打では倒せるかどうか。

八卦掌的に、相手の体を崩し、虚の体勢にしてから、跟歩（後脚退歩でも、進歩でも）を行うと通用するかもしれない。何れにしても、相手に気圧されない気位、気迫、気構えが大切。

（1991年7月17日）

構えについて

根本的に大切な要素であり、北派にしろ南派にしろ、威力養成に必要不可欠である。力任せと見られる南派でも、各部それぞれに南派独特の方法があり、全体としてバランスの悪い構えは、威力養成にとって悪影響があり、たとえ南派のように各部位を別々に鍛え、使用するとしても、全体としてのバランスは大切なのである。威力はブランクがあっても衰えない。逆に社会的経験が生きていることもある。

剣道の歩み足による相手の虚に対する攻め入り方（足の流れを作るような動作も参考。直線の動きとの対比）

形意拳の跟歩は日本武道にもある。相手と接触できる距離から使用可能とする。逆にその近距離なら、踏み込み足が使いづらい反面有効となる。いわゆる前足でも後ろ足でも跟歩用法は可能？

心眼流の掌底添え打ち。剣道の打突後の体当たりは形意拳の跟歩と同じ。

（1989年9月3日）

剣道の踏み込み打ち後の体当たりは、拳法で言えば連突きである。離れたところからでも、密着したところからでも使用は可能。陰流の基本振りの稽古が実戦向きの練習。名人に達する階段、練習法がどういうものかが大切。

医術・健康法・各種

北派拳法は力を抜くといえども、基本的体力は必要であり、その必要体力部位はより鍛えるということが大切なことである。

形意拳の跟歩考②

イ・右足前の右手前の時、通常の跟歩は右手打ちだけである。

ロ・右足前、右手前　左足跟歩を行いながら、右手に左手を添えて打つ。つまり両手（掌）（拳）で打つわけであるが、右手だけの単発と違って、威力が2～3倍にも倍加する。柳生心眼流の双手打と同じ用法。

ハ・単に連打としての右・左・右の連発。

ロの場合、相手との間合いが離れている時は、双手突きのようにする。近くになった時は、肘打ちなど、体当たり的な変化に移る。ハの場合は、陰派の基本、振り稽古と同じである。

捻り打ちについて

　沖縄剛柔流の形のなかに、突き出した拳をそのまま、手首を支点にして回す形が出てくるが、跟歩を使わずとも、接触している相手は、このやり方で打つことができる。むしろ実用的。捻り功で、相手が虚になったところを跟歩を使い打つと効果的。

　特に跟歩の時は、離れた間合いで使う際は、相手の見切りが大切であり、その為に片手を接するようにして、相手に出して、もう一方で添え手打ちをすると効果的（心眼流的）。

手と体の関係

　　小指・気の流れ、人差し指・方向性→気（技性）
　　中指・継続性（圧迫）、全体（手・掌）連続性→空

　八卦掌練習の始動の部分（両掌を下から上へ上げるのも）も全体の流れそのものが中指中心（手掌的）自然掌で継続的に行う。一つ一つの技で途切れない。技と技の繋ぎも連続性で行う。

型に入る前→自然式

　　型の始めは→無極式→気（足・丹田・手指）→身体全体

型の途中→色・空→姿勢・対人法→描こうとする形を重点的に行う。重点箇所により幾通りの練習方法が可能。気は無極式からの延長線上。

型の終わりは→虚→ゆっくり丹田から足元へ下ろす。
（我・自然→虚→大地と一体・実）大地に一体となる・根付く気分で行う（実）。
型が終わったら自然の状態に、つまり無極式に入る前の自然式になる。虚の状態のままではない。

八卦掌の練習法

二刀流（両手に短棒を握って、相手と向かい合って・握り合って逆をとったりする法）
虚に入る法
歩き方、自然・能足・すり足、ターン法→足掛
斜足刀（斜前足底）＝八極蹴り上げ、前蹴り＝前足底、内蹴り、他
虚に入りながら曲線運動。突きを入れても動きは止まらない（連錦）。

八極基本の一本目は、沈身、纏絲勁、十字の練習。
八卦掌の究極は牛舌掌（ぎゅうぜっしょう）。
太極拳裏、八卦の技術（化、明、暗）
形意拳は相手に向かっていくのを信条とする。太極拳は相手の体を化して崩して打つ。
八卦掌は虚を突き、入る。虚を出させ、そこを突く、入る。
八卦掌の牛舌掌は、一部合気道でも見られる（砂泊誠秀（かんしゅう）氏が行っている）
牛舌掌の究極は、点穴的使用、小指（掌）、中指（中心）纏絲勁。

手の使い方

手捕り的な技を実用的に対処する時に、親指（丹田）意識は、拳に例えると、意識的な発勁法と同じ次元になる。2点（丹田）意識は、自然的発勁法と同じ次元になる。つまり、基本的練習では、柔術的練習において、親指（丹

田）意識は根本的な要素で大事だが、応用・実用的には、発勁法のように2点（丹田）意識のように、自然的内容が理想的である。柔術的特徴の場合に、2点意識で丹田が疎かにならないように、時に注意すること。柔術的な時は、丹田意識は重要なこと。

　基本的必要な要素（柔術技術、発勁など）と実用（実戦）的基本必要要素は、自ずから多少のニュアンスの違いがある。普段の練習は基本的必要要素をしっかり行い、実用的基本必要要素を身につけるように心がける。

（1990 年 12 月 2 日）

一人か複数か

　武術的に見ると仲間とか複数でいるのが一番危険と言えるのだ。何かことが起こった場合、仲間を見捨て逃げるわけにもいかない。かといって、相手が手強かったらどうするか。個人的な対処と全く同じにすれば良い。

　仲間を押し止め、相手に頭を下げるか、相手と手を組むかである。相手、あるいは自分の仲間が納得せず、どうしてもやらねばならなくなったら、自分一人で戦うつもりで相手に対すること。

　この場合、相手の意地で戦うなら、それだけの相手ということであり、仲間の意地ならば、最後の最後までどうしてもという仲間の気概が出てきたら（つまり仲間は自分一人ででも相手と戦うという気概が出てきたということ）、仲間の一人分の気概と、自分一人で相手と戦うという気概が合わせて、二人分の気概ということになり、相手とは本当の意味で1対2ということになり、こういう場合にはかなりこちらに有利な状況になったということができる。

　話は元に戻るが、一番安全なのは、自分一人だけでいることなのである。何かあったとしても、何にも、誰にも、束縛されることなく、自由に対処できるからである。

（1992 年 3 月 23 日）

相手に溶け込むということ

　相手に溶け込むということは、自分を消すことだが、相手に迎合するというニュアンスとは少し違う。相手の気にいかに溶け込むかという感じである。相手に合わすというより、相手そのものになり、自分を溶け込ませたような状態である。相手から見れば、こちらの実態が感じられないような、手応えがないような状態である。

　相手はこちらがそこに居るのがわかっていながら、手応えがなくという感じ。こちらが見えないという状態とは少し違う。

　相手に打ち気など気を発することが、そのままこちらに溶け込む道を作っていることになる。相手にその気がなければ、真にお互いにこだわりのない、対等の状態と言える。相手に溶け込むことを「和する」、お互いに相手に溶け込もうとする状態が「愛し合う」と言える。つまり、どちらも相手を打とうとする気なく、しかし間抜けの状態と違い、溶け込もうという気が働いていること。合気道の言う「争わぬ真人」。

　消極的な「争わぬ」では、逃げと同じで、いつかは抑えられてしまう。

（1993 年 4 月 8 日）

眼体一致

　眼光不眠　眼体一致

　①自然体　いわば呉式的

　中心→湧泉→八方目（頭後側、玉枕穴あたりが中心的→自分の体の真正面に向く→腰（肚）

　②（対、外側）（実践的）積極対処的になれる

　中心→二点意識点→対称外側人（物）に眼、体が一体となって→腹で押し出すように、眼、体、一致で行う。

　③八方目または②の状態から、そのまま眼を瞬きしたような感じで見開いたまま、対象物（人）に向かう。②周囲が把握できているような①自然体が基本。

　（瞳光不眠と腹力）の一致→身体と精神の正中線においての合致→気合いの

真髄

（1996 年 10 月 16 日）

　離隔距離で向かい合っている時、突き蹴り主体で対戦している最中に、突き蹴りを出さない意識で前へ出ていく。突き蹴りを出さないという意識で、相手に入っていくと、相手がこちらを突こうと（攻撃しようと）している距離より縮められるか？
（相手の体を飛ばすような感じになってしまう）

　①武道においては突き蹴りを決して出さないという信念で前に出ていく。
　②実践においては決して情を入れないという信念で。

　①においては確かに相手が離隔距離を保つ場合、突き蹴りが必要な時もあるが、その時はためらうことなく突き蹴りを出すという意識も必要。その上で、あえて突き蹴りを出さないという信念を自分自身に課すことが大切。そうすることでより確実に相手を制することができる。

　②実践においてだけに限らないが、実践においてはとにかく一にも二にも情を入れないということがすべて。

（1997 年 6 月 1 日）

言葉について

王培生※先生の言葉

　相手はいないものという意識→相手はそこに本当にいないのだから。前に進んでいくのに、何も囚われず、こだわらず、自然に進んでいける。（入っていけるは意識的な言葉）

※王培生(1919-2004)呉式太極拳の名手。

打撃威力の確認練習から相手と接触したところから打とうとすると、威力が出しにくい感じになるが（発勁が自然的ではない）、離れたところから同じような気持ちで行うと、自然な感じで威力が相手に浸透していく。その時の感覚的な言葉として、上記の王先生の言葉が出てきた。

接触したところからだと、どうしても相手がそこにいるという感じになってしまう。それを消すには王先生の言葉が生きてくる。同じように、王先生が蹴りを見せてくれた時も、とても速い蹴りでびっくりしたとの事。意識（意）で蹴っているから意の速さと同じ事なのだろう、というのは私自身の感覚。

この日の今君との練習のなかで、相手の腕の天秤を取る技で自分の正中線を軸に、体を独楽の回転と同じように回す方法も。

確かに軸の中心に体を回そうというよりも、軸を中心に体を回すという意識で行っているが、実感として相手の腕が自然に逆が決まる感じになっている。呉式の意識の仕方は、実はこのような意識（意）の在り方なのではないかと思う。

（1996 年 11 月 15 日）

呉式について

呉式は矛盾の拳法の究極だから、実戦に応用しようとするなら、

イ　あらゆる人にやられても良いという気持ちがなくてはいけない。それは完全にやられる、この相手に殺されるなら仕方がないと思えるまでにならなくてはならない。

ロ　もし逆に自分が手を出すようならば徹底的に、確実に相手をやらねばならない。もし、その気持ちがないのならば、それは呉式の言う、虚心の攻撃になりきれないことになる。つまりそれは呉式ではないということだ。普通の実戦ではもちろん勝てても、しかし厳密に言えば、相手をやるという意識そのものがあるうちは呉式ではないのだから。

ハ　呉式を実戦に使うということは、実際上、無理、無意味と言えるのだ

が、本当に極めることができたなら、イのように、どのような相手に
も相手がやるつもりなら仕方がないと思えるようなものではないか。

　呉式は極めるのが難しい拳法でも、逆に追求しがいのある拳法でもある。
　我（自分）を忘れて、練習に練習を重ねて、練習に殺られるなら、仕方が
ないと思えるほどに自分を鍛え、叩いて、やらなければ完成にたどり着くこ
とは難しい。
　出手如舌舐　舌を舐めるように手を出していき
　打人似接吻　接吻をするように相手を打て

　性化為魂、命化為魄
　魂居肝　魄居肺
　魂喜生悪死　魄喜死悪生
　故修道人　煉三魂而制七魄
　三七合一　亦成大丹理也

　喜びが大きいと、特に肝に良く、生命力が溢れてくる
　悲しみが大きいと、特に肺に影響を及ぼす

気・気功について

武道の瞑想法（潜在意識の活用の仕方）

　武道の気功法においては、足下の降気が行われ尚且つ、その気が足裏より
出た後に逆に足裏より気が入り、一気に体を気の塊が上昇する。その感覚は
足下への降気を終えて、気功を収息させようとする時に、やってくる。（前
触れもなく）（突然）（いきなり）（一気に）という感じである。毎日来るわ
けではなく、たまにと言ったほうが良い。日常的な普通の生活をしている者
には、その日の朝の気の巡り合わせと言ったほうが良いかも。その日の体調
にもよる。

（1993 年 7 月 12 日）

気の事

　武術的に見た場合、相手の気配を察知的、感覚的を重視。健康で見た場合、自らが充実的、実存的。確かにお互いに補完関係にあるのだが、太極拳論のなかにも、「彼不動、我不動」「彼微動、我微動」などの記述があるように、気については様々な見方があるが、武道方面から見た気とは、どういうものだろうか。威力、養武の為の養気法→丹田法。合気道→舟こぎ法、膝行法、シャドー→シャドーによる練気法、シャドーによる神気法。

　　１　①目視による予知感覚
　　　　②重心移動による、察知感覚（フェイントなどの）攻撃など
　　　　③間合いによる見切り感覚
　　２　常に足裏２点と丹田により構え、動きに決して隙を与えることがない。
　前進練習で歩きながら足裏２点が、常に左右どちらか、両足にあるように自然に身につくようになるまで行うなど。
　足裏２点が確実に正確に行われれば、上体にはどこにも力みはないものとなる。
　１・２の統合により、武道としての根本構成ができあがる。
　不動にしろ、足運びからの打突にしろ、当ての瞬間のいわゆる発勁時には（自然体）足（足裏２点）から勁が出ていることになる（骨法との違い）。
　体のなかに気を巡らすには、つまり気血の流通意識が大切である。意識によって自分の体のなかのどの部分にでも、注意を集中し、気を集中することができるようになる。練習の積み重ねにより、気が意識そのものと同じスピードで体のなかを移動することもできるようになる。

　気の元を意識する為に気沈丹田から始まり、小周天・大周天などの法が身につくようになると、気の武道の要領も近くなると言える。
　武道的にも大切な要素としての意識は、気を働かすことによって、闘争心を高め、相手の出方を掴む感応力を鋭くし、状況判断を的確にする。決断力なども備わるようになる。そして何よりも大切なことは、これらの事項を意識的に行うおかげで、その意識を超えた反応力が無意識に現れ、相手に勝ち

を得ることができるのである。

　気（気持ち、心）の働き（生起、動き）によって、気のパワーも生み出されるのであり、相手を倒すほどの威力も出るのである。その気の働きは、実際の戦いの場では無意識に行われるのが理想といっても、それができるようになるには、意識して基本練習を積み重ねるしかないのである。

　肉体的な力は、生まれながらに天から与えられた要素であり、ある人が10年、20年ボディビルなどをやって得る体力を、他の人は生まれながらにして保持しているということなど、当然のことなのだ。

　しかしいわゆる武術的に必要な気の要素が、生まれながらに備わっているということは決してない。

　武術的に言う、相手の打ち気を察知したり、背後から人の気配を感じ取ったりする能力は、テレビなどで人に見せる為の超能力的な気とは全く別のものだ。気のパワーで机の上のものを動かすことができるからといって、他人を倒せるパワーがあるというわけでもない。

　超能力的な気のパワーで、見えない文字を読み取ったり、色を当てたとしても、他人の殺気を感じ取れるわけではない。

　武術的に他人を倒せるパワーや、他人の殺気を察知する為には、その為の練習を積み重ねなければ、決して得られることはない。

気の区別

　単に「気」と言っても、様々な意味を含んでいる。心理的あるいは身体的に見た場合。心理的には、他人との駆け引きなどの心の動き、感情などの働きを表す意味に用いられる。身体的には呼吸法や養成法、健康法など。あるいは武術的な様々な要点を表す場合に用いられる。

　細かく区別すると、
【心理面】①覚悟（日常の心構えなど、死生観）②駆け引き（相手とのやりとり、相手を圧する気迫）③信念（気的、心理的、気力的なもの）④リラックス（ファンソン法、日常的な気持ちのあり方、自然体）⑤黙誦（呪文、おまじない＊自分なりのものを含む）⑥イメージ法（威力、用法、実戦場面な

ど）⑦精神集中法（ローソクなど）⑧性格から見た時の「気」あるいは性格を変える方法（バイタリティ）

気功について

　気功にも種類がある。自己健康法、治療気功。

　武術的には、自己健康法である。いわゆる手かざしによる他者の治療としての気功は、武術には適用できない。手かざしは、他者を治療するという、生かすためのものであるのに対し、武術的にそれを使おうとするのは誤っている。武術は、他人を倒すのが目的であり、他人を生かす法で、他人を倒すということは本末転倒である。自然術理から言っても、倒すものを生かす法に用いるとか、善的変換ならまだしも、生かす法を倒す道具にするのは、悪的転換であり、もし仮にそれができるとしても、武術的効果を得た時には、治療的効果を失うことになる。

　治療法としての手かざし気功は、長時間継続性を必要とする法だが、武術的方法は、発勁的、極めて短時間方法が原則である。長時間かけて相手を倒すなど悠長なことをしていたら、自分がやられてしまう。本質的に別次元の方法なのだ。

呼吸について

　物を持ち上げる時は、一般的に力むから、呼吸は止めるのが普通である。しかし、持ち上げる時に足腰に気を降ろし、息を止めず、吐きながら行うと、より強力な力が出せる。この時、気合も自然に出るようだと、なお強大である。

　呼吸法は、吐く時が大事だが、吸う時にいかに吸うかも大切。吐く（発勁）は、吸うことなしに、吐くだけでもマスターできるが、吸うことの方法をマスターし、それを吐く時に生かせれば、より強大な発勁を達成できる。発勁の威力は、吸うことの程度によると言える。発勁はただ単に発勁動作のみで行っても、実用的にならない。足運びを含んだ発勁動作が大切。

　一息で体内に足元まで気を巡らせることができるように。初心者は呼気が浅いので、吐気の時に、気沈を意識せざるをえない。体に気を巡らせるよう

になると、吸気で沈気ができるようになる。吐気は自然にゆっくり長くなる。

小周天・大周天

丹田に蓄えた気を、体の経絡を通して流通。呼吸法による小周天（直線上下動）、丹田気が満ちる小周天（螺旋上下動）。

小周天の練習が進んだら、小周天に手の部分を加えた気流（大周天に足の部分を省略）の方法を行うも可。小周天は丹田の気を残さずに行う。丹田の気は全て足元にというのではなく、丹田意識は残っていること。その上で、足元に移る時も。丹田は空虚ではない。

小周天は会陰を通過。大周天は会陰を通らない。

大周天（表）（裏）は、はじめの練習時は、練習過程の方便として、手の部分を省略するも可。

身体の体調により、小周天、大周天を行うかは決まる。普通小周天から始めるが、当然だが、体内に気が満ち溢れるような状態にならば、自然な形、感じで大周天が行われることにもなる。

小周天、大周天で手の方へ流れる気と、頭頂へ行き次に手の方へ移行する気とがあるのは。手の方向へ直接行くのは実質的な（威力）エネルギー。頭頂に行って次に手に行くのは感覚的な鋭さを持ったエネルギー。つまり頭頂に気を持っていくことにより聴勁を養う。

この二つのエネルギーを手先に集めることにより、全能力を発揮することができると言える。このエネルギーを放出した後に収納（収勢）するには、いわゆる手先を丹田に当て、呼吸（空気）と気を合わせ、そのまま自然にゆったりとした気分になるように、体の力を抜く（拳法の収式）。

ヨガで言うチャクラの開発は、気の流通がそれぞれのチャクラをスムーズに通るかどうかによる（本当の開発は、ただ単に通すだけではないだろうが）。

呼吸（空気の出し入れ）は、自然に意識して力んだり、速くしたり、遅くしたり、強くしたり、弱くしたりしない。むしろ気の移動が自然に充実して、スムーズに流れるのを楽しむような気持ちでいる。そうすれば呼吸は自

然である。自然に呼吸するのだが、あえて分解すると、吸った空気を体内に流し入れたと思う間もなく、このほんの僅かな間に、気の移動が自然に充実した気によってスムーズに行われる。それはむしろ無意識に近いと言える。自分はその感覚を楽しむつもりで良いのではないか？　気の流通が行われ、それに合わせて自然に吐く。つまり空気そのものの出し入れは終始同じと言える。

竹井氏による呼吸法についてのメモ。

武道の呼吸法

　呼吸法は呼吸で突いたりするものであるから、連続突き蹴りなどの連続攻撃はいつまでもできるものでもない。息の途切れた時などが、攻撃の途切れるところになる。問題はこの時を狙って相手が必ず仕掛けてくることだ。

　武道の呼吸では、吐く息の方が長くなる＝実用的必要性

　禅では、吸う息の方が長いという（『仰臥禅のすすめ』荒井荒雄著　日本文芸社　P158）

武道の完全呼吸法

　①腹式呼吸法　胸に吸うを主に繰り返し、次第に丹田に降りてくる。

　②ヨガの完全呼吸法、呼吸均衡統一致法

　腹部から上へ向かう一つの緩やかな波上の運動。

　吐きながら腹部の外壁を引っ込め、下の方の肋骨を抑えるようにしながら、

次第に鎖骨と肩を下げるようにする。

　③徐々に腹式呼吸に移っていき、足元へ下降していくようにする。

　④最後は真意・静呼吸のように、自然に緩やかになる。

　呼吸法の意守は、手（掌）、丹田、足元を個別に行う。

　打突的意守では、手（掌）、丹田、足元＞三種→手（掌）

　大周天のように、体のどの部位へでも、自由に意守、移動ができるようにしておく練習が大切。

　ヨガの呼吸法は数千年にわたって積み重ねられただけに、奥深いものがある。

　静坐では、吸う息、吐く息共に長く。

　禅では、上部（上体）への吸入が主で丹田蓄積となり活力が充実する。吸気が長い。

　スポーツ・運動、特に格闘技、瞬間的な動的な運動は強く吐く。

　格闘技では、相手と向かい合っている時は大部分が吐いていると言っても過言ではないくらいである。だからといって吸うのをいい加減にして良いということではなく、あくまでも初めは吐くことを主に練習するということ。

武道の準完全呼吸法（丹田養成法）

　完全法の②の吐きながらの部分で、腹部をそのままに鎖骨と肩を下げるようにする。あとは完全法と同じ要領で行う。最終的に丹田充実で気力が満ちた状態になる。

　完全法は八卦的な効果が。準完全法は、合気的、太極的、柔術的効果。

　八極、八卦の基礎鍛錬法は、丹田充実で終わり。鍛錬の後、次第に足元に収まるような感じに。普段的な状態にということ。

極意について

　誰にでも負けることができること。誰にでも勝ちを譲ることができること。いかにも負けてやったとか、勝ちを譲ったとかに見せないで、それを自然に思わせることができること。

　それではなぜ武術をやりながら、誰にでも負けなければならないのか。また負けることによって、極意などが得られるのだろうか?

　極意は生き延びるための道。二つ、極意

　自分を生かす→その為には身体を滅ぼすこともある。

　身体と心（精神）が一体となった時→無の境地（無我、歓喜）極意の境地

　技術的な身体による一辺の極意は、単なる極意の一つ。逆に精神だけの極意は（それがあるとすれば）、身体の確認がなく、自意識的に陥りやすい。

　身体の関係→心の自然体→禅（呼吸による自然体、ヨガ）

　武術→禅→剣禅一如（呼吸法がない）→太極拳（呼吸法を行う）＝立禅（座禅はない）

　自彊術・丹田法・ヨガ、呼吸法による極意→自然体・健康法

　自然体とは武術にとっても、相手の力み（打ち気）を察知できる。

　殺気を感じるのは呼吸法ではなく、無の自然体だから。

（1993 年 1 月 31 日）

　勝つことだけを目的にした武道は、大切なものを欠いている。他にいくら勝っても、その数はこの世の現象から見れば一部分でしかない。この世のなかのあらゆる現象の勝利者となった訳ではない。あらゆる現象を動かしている真理を理解し会得することでこそ、真の勝利者である。

　一足の安定感は、前進しようとする、心を持った幸福感でなければならない。

　前向きの気概を必要な時に思い出せるような、心がけを自分に持っている者は、幸福な人と言える。

（1996 年 12 月 5 日）

極意の行き着くところ

　極意を得たと言っても、どういう状態を指して言うのだろうか？　自分だけの一人称で見た場合、極意を得たと感じる時は、いわば悟ったと実感できる時であろう。対人的な二人称で見た時は、単に悟ったと言っても、相手が納得するほどのものでなければ本物ではあるまい。相手があるのだから、相手を感じさせるだけのものが必要になる。

　言葉で言えば「無欲の勝利」のニュアンスがそれに近いのではないだろうか。勝ち負け、云々は「極意の悟り」にふさわしいとは決して思われないが、対人的な場合には、「無心で戦い」「自然に相手を納得させる（制する）」となれば、これを一般的なわかりやすい言葉で言えば「無欲の勝利」に近いのではないだろうか。実際にオリンピックなどの大舞台では、金メダルを期待された選手より、ほとんど無名の選手が活躍することがあるのは、勝つことを強制されておらず、自分の力を出し切ることに「専心」できるからであろう。もちろんオリンピックのような、世界中から注目が集まるところで勝ちを得るには、どのような立場にいる選手でも大変なことである。

極意の入り口に向かって立つ

　信念を持って、好きか嫌いか、興味があるか、楽しく行うということ。楽しみながら行うということ。時には苦痛もあるということ。技の練習をしていて、自分は以前に比べて、少しでも上達していると実感できた時は、辛い練習のなかにも、楽しさを覚えるものである。

　技が上達していければ、やがて、必ず強くなれるという信念が生まれてくるものである。必ず強くなれると信じることができたなら、その練習効果は、それまでの何倍にも増す成果を上げることになる。

　単調で面白みのない練習も、このような実感を得られるようになると、はっきりとやる意欲も出てくるのである。それがまた自信に繋がり、より練習が楽しくなり、積極性が増すことになる。

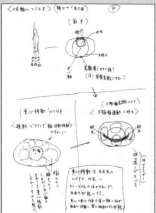

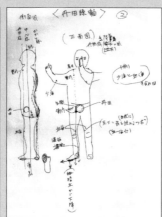

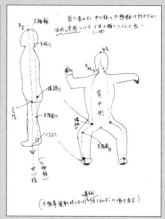

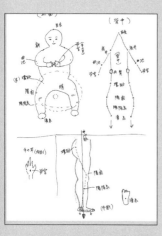

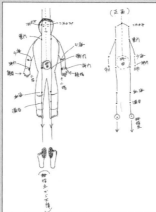

メモと写真

本書制作の為に書かれたメモの一部。この他にも、膨大な量の稽古や武術についてのメモが遺されていた。

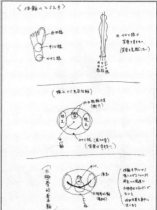

270

松田先生と中国へ同行。現地で演武を行う。（1980年）

中国少林寺で徳禅和尚と（1980年）

小学校時代。後列右から二人目に著者、右隣は瀬戸敏雄氏。

花小金井武道館で。三列目、右から三人目著者。二列目、左から四人目に松田隆智先生（1980年）

少林寺拳法時代。武道館前にて。

大森悟氏撮影（2017年）

愛犬と。

中国拳法武慧会道場。

●主な参考文献

「月刊秘伝」2005 年 5 月号、2008 年 2・7・9・11 月号、

2009 年 1・3・5 月号、2010 年 6 月号（BAB ジャパン）

『秘伝陳家太極拳入門』（松田隆智著　新星出版社）

『太極拳理論の要諦』（銭 育才著　福昌堂）

『経絡・ツボの教科書』（兵頭 明著　新星出版社）

たんでんとツボで創る

竹井式 陳式太極拳の学び方
たけ い しき ちんしきたいきょくけん　まな かた

●定価はカバーに表示してあります

2020 年 7 月 31 日　初版発行

著　者　　竹井 正己
　　　　　たけ い　まさ み

発行者　　川内 長成

発行所　　株式会社日貿出版社

東京都文京区本郷 5-2-2　〒 113-0033

電話　（03）5805-3303（代表）

FAX（03）5805-3307

振替　00180-3-18495

印刷　株式会社シナノ パブリッシング プレス

© 2020 by Nobuko Takei ／ Printed in Japan

落丁・乱丁本はお取り替え致します

ISBN978-4-8170- 6032-7　http://www.nichibou.co.jp/